JN012330

Hiroshi Kurosaki
黒崎宏［編・解説］

「西田哲学」演習

LECTURES ON NISHIDA'S PHILOSOPHY

ハイデガー『存在と時間』を横に見ながら

春秋社

はじめに

「西田哲学」の完成形

「西田哲学」と言えば、誰でも知っているのが処女作『善の研究』(一九一一)であるが、「西田哲学」という冠をつけて語るに値するものは、一九二七年の論文「場所」に始まる。そして、一九四五年にひとまず筆をおいた最後の完成論文「場所的論理と宗教的世界観」において、閉じられた。その間において最も核心をなす論考は、一九三四年に岩波全書の一冊として刊行された『哲学の根本問題・続編』の第一論文「現実の世界の論理的構造」と第二論文「弁証法的一般者としての世界」であろう。そこにおいて「西田哲学」の形而上学(存在論)が確立された。そしてその前後において、或る意味当然のことであるが、その形而上学に関わる論考が連なっているのである。このことは、本書で取り上げられた論考の発表年をご覧いただければ明らかであろう。

その後は、その間に熟成された認識論が、「論理と生命」(一九三六)を経て、「行為的直観」(一九三七)としてまとめられ、また、彼自身若いころからずっと気になっていた宗教論が、「場所的論理と宗教的世界観」(一九四五)として残されたのである。「西田哲学」のトレードマークである「絶対矛盾的自己同一」は、これらの思索全体を貫いている彼独特の表現であり、一九三九年に論文としてまとめられた。西田幾多郎にとっては、真実在の真相は、整合的で平面的な言語の限界をはるかに超えた語り得ぬ領域にあるので、そうした奇妙な言い方をせざるを得なかったのである。それは丁度、ピカソがキュビズムという手法を用いて、全く奇妙な絵を描いたのとよく似ている。否、全く同じである、と言ってもよいかもしれない。そうであるとすれば、西田幾多郎は哲学におけるピカソである、ということになる。

以下において私は、彼の主要な論考のうちから、「西田哲学」の形而上学と認識論の完成形を理解するのに寄与すると思われる部分を、重複を厭わず、年代順に読んでゆこうと思う。そして最後に、私の「西田哲学」観を示したい。それは、私がこの小著の原稿を書いている間中、常に脳裏にあったものである。

引用文には、いくらか句読点を補ってある。字句および段落を変えた所もある。やむを得ず文章自体を崩した所もある。（ ）は、私の挿入である。また、随時「**註**」を挿入した。参考にしていただきたい。なお、本文中の「私」は、西田幾多郎自身のことである。くれぐれもご注意いただきたい。

この本は、いわば、西田幾多郎の膨大な言葉のうちから、完成期における彼の形而上学と認識論に関する部分を選んで、それに「解説付き抄訳のようなもの」を試み、最後に「おわりに――私の「西田哲学」観――」を加えたものである。この本が、難解をもって鳴る「西田哲学」に一つの解釈モデルを提示できれば、これに過ぎる喜びはない。そんな「つまみ食い」で「西田哲学」が理解できるのか、と言われるかもしれない。しかし、部分は全体を反映している。したがって、全体を反映している部分を、それを自覚しながら選んで論を構成していけば、「西田哲学」の基本構造は、本書で取り上げた範囲でも、十分に把握できるのではないかと思われる。

しかし、この原稿を書き終えた後、「西田哲学」はなお一層の深掘りがなされるべきであると思い、「続・おわりに――私の「西田哲学」観――」を加えることとした。少しでも「西田哲学」の深淵を覗いて見ていただきたい、という思いからである。

補論として、「三木清『哲学入門』を読む」を加えてみた。三木のこの本は、単なる「哲学入門」ではなく、実は「西田哲学入門」の書でもあるからである。しかし本書は、入門とはいえ、結構難解である。西田とハイデガーの共通点を示唆しているところもある。

そこで私は、「補論」を書き終えた後、「西田哲学」を念頭に置きながら、ハイデガーの主著『存在と時間』(熊野純彦訳、全四冊、岩波文庫、二〇一三)を読んでみた。そして思いのほか、両者には共通するところの多いことに驚いた。しかしそれは、本物の哲学者同士としては、当然のことであるかもしれない。それで私は、改めてそれらの点を書き添えて完成原稿とし、「――ハイデガー『存在と時間』を横に見ながら――」という副題を付した。すでに一部行われているようであるが、西田幾多郎とハイデガーを本格的に対比し検討することは、今後なされるべき大きな課題であろう。

「西田哲学」は、今日世界に通用する哲学として、なお依然として新しい、そして面白い。これが私の率直な印象である。『善の研究』の序には、「明治四十四年一月京都にて」とあるが、『善の研究』自体、決して古臭くはない。中村草田男に、「降る雪や、明治は遠くなりにけり」という句があるが、『善の研究』自体は決して遠くはなっていない。

人名索引を付したのは、「西田哲学」が、禅仏教の思想がその底流にあるとはいえ、ギリシャのプラトン、アリストテレスに発し、その後、ヨーロッパ大陸で展開された形而上学の、紛れもない嫡出子でもあり得ることを示すためである。

ところが、ここまできて、私には一つ気になることがあった。それは、西田哲学における主観なるものは、伝統的に考えられているような、単に客観に対する個的な主観——例えば、デカルト的な「われ思う」主観——ではなく、いわば「共同主観」とでも言われるべきものではないのか、ということである。そうであるとすれば、廣松渉の『世界の共同主観的存在構造』（岩波文庫、二〇一七）は、西田哲学と何らかの関係があるのではないであろうか、と思われてくる。それで私は、件の本を読んでみた。これまた、西田哲学に劣らず難読難解な相貌を有しているが、実は結構面白かった。私には、廣松渉の哲学が分かった、というつもりは毛頭ないが、しかし彼の哲学には西田哲学と共通する部分が色々あるので、その点だけでも指摘しておきたいと思い、「補論Ⅱ」を付加することにした。私は先に「西田幾多郎とハイデガーを本格的に対比し検討することは、今後なされるべき大きな課題であろう」と言ったが、そこに「廣松渉」をつけ加えるべきかもしれない。

最後に、小林公二氏、加藤弘朗氏をはじめ本書の出版にあたってご尽力いただいた方々に、厚く御礼申し上げます。

二〇二〇年二月

黒崎　宏

「西田哲学」演習

目次

形而上学

認識論

出典一覧

Ⅰ　**プラトンのイデヤの本質**　一九三一年七月、『ギリシャ・ラテン講座』第十二巻、上田閑照編『西田幾多郎随筆集』岩波文庫、一九九六、所収。

Ⅱ　**生と実在と論理**　一九三二年一月三〇日、二月六日、一三日、京大講堂における講演。

Ⅲ　**現実の世界の論理的構造（一）**　一九三三年一一月一〇日、一七日、二四日、一二月一日、八日、大谷大学における講演と推測される。ただし、（一）の表記無し。

Ⅳ　**行為的自己の立場**　一九三三年一二月に岩波全書の第一冊として刊行された『哲学の根本問題（行為の世界）』の「総説」。

Ⅴ　**行為の世界**　一九三四年一月五日、六日、七日、京都府立教育会館における講演。

Ⅵ　**現実の世界の論理的構造（二）**　一九三四年一〇月、岩波全書の一冊として刊行された『哲学の根本問題・続編』の第一論文。ただし、（二）の表記無し。

Ⅶ　**弁証法的一般者としての世界**　一九三四年一〇月、同第二論文。

Ⅷ　**私の哲学の立場と方法**　一九三四年一〇月一日、二日、三日、東京文理科大学における講演。

Ⅸ　**伝統主義に就いて**　一九三四年一一月二五日京大英文学会における講演。

Ⅹ　**現実の世界の論理的構造（三）**　一九三五年一月七日、八日、九日、京都府立教育会館における講演。ただし、（三）の表記無し。

Ⅺ　**論理と生命**　一九三六年七月、八月、九月、「思想」に連載発表後、後に少し書き直されて、一九三七年一一月に出版された『哲学論文集第二』に、その第一論文として掲載。

Ⅻ　**行為的直観**　一九三七年八月、「思想」に発表後、『哲学論文集第二』に、その第四論文として掲載。

註：第Ⅰ論文と第Ⅵ論文以外は、すべて、上田閑照編『西田幾多郎哲学論集Ⅱ』（岩波文庫、一九八八）または『語る西田哲学――西田幾多郎談話・対談・講演集』（書肆心水、二〇一四）に収録されている。私もそれらに依った。引用文の終わりにある○：×―△：□は、引用文が原文の○頁×行から始まり、△頁□行で終わる、ということを示している。ただし、同じ頁の場合は、○：×―○：□となるところを、○：×―□とする。

「西田哲学」演習

ハイデガー『存在と時間』を横に見ながら

形而上学

存在への問いは、今日では忘却されている。私たちの時代が、「形而上学」をふたたび肯定することを進歩とみなしているにもかかわらず、忘却されているのである。

（ハイデガー著、熊野純彦訳『存在と時間』（一）岩波文庫、二〇一三、七一頁）

I　プラトンのイデヤの本質

ソクラテスの死は、青年プラトンに如何に深酷なる印象を与えたことであろう。「しかし分（かれ）るべき時はきた、私は死に行くべく、汝らは生き長らえるべく、いずれが幸なるか、ただ神のみぞ知る」の語を遺して逍遥（として）毒杯を仰いだソクラテスの死は、如何に彼を心の底から揺り動かした事であろう。死とは何ぞ（や）、生とは何ぞ（や）、永遠の生は何処に求むべきであるか。プラトンの哲学の底には、深い死の問題があるとすら考えることが出来る。

（106：1–5）

註：「しかし分（かれ）るべき時はきた、私は死に行くべく、汝らは生き長らえるべく、いずれが幸なるか、ただ神のみぞ知る」の語は、プラトンの著作『ソクラテスの弁明』の最後の一文である。『ソクラテスの弁明』は、この語をもって締めくくられる。しかし、岩波文庫『ソクラテスの弁明・クリトン』に収められている久保勉訳では、以下のよう

になっている。

「しかしもう去るべき時が来た――私は死ぬために、諸君は生きながらえるために。もっとも我ら両者のうちのいずれがいっそう良き運命に出逢うか、それは神より外に誰も知る者がない。」

私はここで、どちらの訳が正しいかは問わない。注目していただきたいのは、分かれる理由を、久保訳では「死ぬために」となっているところが、西田は「死に行くべく」としているところである。そして私は西田の訳の方をとる。西田の訳の方には主体性があるからである。死にすら主体性を求めるのは、個物の哲学者でもある西田幾多郎の根源的特質なのである。そして実際、西田はしばしば、他の箇所でも「死にゆく」という言葉を使っている。しかしここに少し問題がある。西田は、一九三八年一二月の『図書』(第一二巻)において、「私がギリシャ語などと言えば、人が笑うであろう。彼がギリシャ語をと。実際、私はプラトンの一行すらも読むことができない」と言っているのである(上田閑照編『西田幾多郎随筆集』岩波文庫、一九九六、一九四頁)。そうであるとすれば西田は、何を根拠にして、ここの訳を「死に行くべく」としたのであろうか。西田は独訳或いは英訳をもとにして、自己の哲学の観点から、ここは本来こうあるべきだとして、「死に行くべく」としたのではないか。

生き延びるものの幸福を疑い、何らの疑惑なく死に就くことの出来るには、かく為し得る所以のものがなければならない。ダイモニオン（デーモン）の声を聴き得たソクラテスには、ソクラテス的イロニーの（死んで生きるといった）態度でよかったであろう。ダイモニオンの声を聴くことの出来なかったプラトンには、これに代わる生命の源が見出されなければならない。ダイモニオンの声の代わりに深い思索の力と芸術的直観に恵まれていたプラトンは、（そこで）イデヤを見出したということが出来る。（中略）イデヤは、永遠なる生命の内容として見られたものでなければならない。

(106:14–107:5)

註：プラトンは、アリストテレスとは違い、ソクラテスとともに人生の哲学者であった。彼の問いは、死とは何ぞや、生とは何ぞや、永遠の生は何処に求むべきであるか、であった。そしてたどり着いた答えが、イデヤであった。イデヤは、永遠なる生命のノエマ的内容として見られたものでなければならないのである。これに対しアリストテレスは、学者であり、形而上学者であった。プラトンがイデヤという一般者の哲学者であったの

に対し、アリストテレスは個物の哲学者であった。それでは西田幾多郎はどうであったのか。彼は、プラトンのように一般者の哲学者であるとともに、アリストテレスのように個物の哲学者でもあった。彼においては、究極の一般者は絶対無であり、その自己限定が個物なのである。では「一般者の自己限定」とは何か。

私は、この世界（について）の見方というものは、大体において二様に考えることが出来ると思う。一つは、この世界を（即自的に）自然界と見て自然科学的に考える事であり、一つは、この世界を（何かを表現している）表現界と見て社会的、歴史的に考える事である。ギリシャ哲学においても無論、自然という考えはあったであろう。しかしギリシャ哲学において自然といっても、それは近世科学において考えられるものと同一ではない。ギリシャ人の見た（自然）世界、ギリシャ哲学者の考えた（自然）世界は、むしろ（何かを表現している）表現の世界である。（多くの現代人のように）この世界の根底に自然を置いて考える人は、歴史の背後にも自然界を見るであろう。この世界の根底に歴史を置いて考える人は、自然の背後にも歴史を見るであろう。歴史が自然に於いてあるか、自然が歴史に於いてあるか。いずれよりするも、そこに越える事に出来ない間隙がなければならない。私の「一般者の自己限定」と言うのは、後者の見方の中に前者を含めようという一つの試みに過ぎない。ギリシャ哲学の見方の中に、近代科学の見方を入れようというのである。それは無論、普通にいう一般概念の自己限定として考えられるものではない、それはプラトン（にも）、アリストテレスにも不可能なことであったのである。ただ、それは「個物を限定する一般者」というものを考える事によってのみ可能である。私の（絶対）無の自己限定というのはかかるものを意味しているのである。（絶対）無の自覚的限定と考えられるものは、要するに社会的、歴史的限定の意義を持ったもの、という事が出来る。そして社会的、歴史的限定の底には、自己自身を否定する事によって自己自身を肯定する、即ち、死する事によって生きる絶対愛という如きものがなければならない。表現的限定と考えられるものは、愛のノエマ的限定に外ならない。かかる立場からは、すべて「有るもの」は、イデヤ的に見られたもの、と考えることも出来るであろう。

(108:13–109:15)

註：「一般者の自己限定」とは何か。それは無論、普通にいう一般概念の自己限定として考えられるものではない。普通にいう一般概念をどこまで自己限定しても、概念の枠を越えることは出来ない。そこに現れるものは、あくまでも概念であって、個物ではあり得ない。では、どうすれば個物に達することが出来るのか。それは、「個物を限定する一般者」によってのみ、可能なのである。そしてそれが、当の個物を生み出した歴史なのである。当の個物の背後にあって、当の個物がその最先端に位置しているところの歴史、

なのである。個物とは、その歴史の表現なのである。その意味で個物は、全く歴史的存在なのである。個物を理解するためには、その全歴史を理解しなくてはならない。その意味で、個物は即ちその歴史なのである。かくして、こういうことになる。「一般者の自己限定」というときの一般者とは、「個物を限定する一般者」のことであり、それは即ち、その個物を生み出す「歴史」のことなのである。個物即一般者と言われる所以である。

要するに、こうである。個物は歴史の自己限定である。したがって個物から見れば、歴史は一般者である。概念的な一般者ではなく、具体的一般者である。ところで歴史には、客観的な面と主観的な面がある、自然的な面と社会的な面がある、対象的な面と主体的な面がある、必然的な面と偶然的な面がある。そして何よりも、主観的、主体的な面の中において、多くの矛盾対立が存在する。要するに歴史の中には、二重三重に、否、無限に多様な矛盾対立した面があるのである。そして、そうした矛盾対立した多くの面を抱えて、歴史は自己同一的に展開していくのである。それ故に歴史は弁証法的なのである。したがって歴史は、弁証法的一般者なのである。西田は「私の「人格の世界」について」という掌編において、こう言っている。

私の人格（個物）というのは、主観的・客観的なる真の歴史的世界の発展において形成せられたる個物をいうのである。(中略) 真の人格(個物)は、歴史を媒介としたものでなければならない。然らざれば唯抽象的人格(個物)たるに過ぎない。真の人格(個物)の世界は、歴史の世界である。(『信濃教育』第五八五号、一九三五。上田閑照編『西田幾多郎随筆集』岩波文庫、一九九六、一四一頁)

それでは、西田哲学は結局のところ、一切は歴史的に決定されているという「歴史的決定論」なのか。そうではない。後に(「**VII 弁証法的一般者としての世界**」において)言われるように、西田によれば、一般的限定は即ち個物的限定であり、同時に、個物的限定は即ち一般的限定なのである。或いは、同じことであるが、(歴史によって)作られた物(個物)は、同時に、(歴史を)作るもの、なのである。ここにもまた、矛盾対立するものの自己同一の思想がある、即ち、「矛盾的自己同一」の思想がある。そこで、西田自身の言葉を借りれば、

「我々は全く立場を変えて見なければならぬ、(「矛盾的自己同一」という)新しい物の見方、考え方を生み出さねばならない」(『朝日新聞』一九三三年九月。上田閑照編、前掲書、一二六頁)

思考のパラダイム・チェンジが必要だ、というのである。思考をその根源的前提から考え直さねばならない、というのである。ここでパラダイム・チェンジの実例を、いくつか挙げてみよう。テーブルの上にマッチ棒が六本ある。それらを使って、正三角形を四つ作れ。もちろん、テーブルの上で六本のマッチ棒をいくら並べ替えても、それは不可能である。しかし、六本のマッチ棒で立体的に正三角錐を作れば、問題は簡単に解ける。思考の範囲を二次元から三次元に広げるのである。もう一つ。「円い三角」って何だ。そんな矛盾したものなんかありはしない、と言われよう。しかし、有るのである。円錐がそうである。円錐は、下から見れば円いが、横から見れば三角ではないか。この問いも、思考の範囲を二次元から三次元に広げれば、簡単に解けるのである。そして、人々を悩ませている西田哲学の代名詞「矛盾的自己同一」も、物の見方・考え方を変えれば、――思考の根源的前提を変えれば――理解できるのではないか。例えば、一面において〈昨日の私〉と〈今日の私〉は、同じではない、身心ともに異なっているからである。しかし他面において両者は、「黒崎宏」という一個の個有名で指示される、時を超えた自己同一者でもあるのである。その意味で両者は、同一なのである、同じなのである。即ち、〈昨日の私〉と〈今日の私〉は、同じではないが同じ存在なのである。その意味で両者は、矛盾的存在なのである。したがって結局、〈昨日の私〉と〈今日の私〉は「矛盾的自己同一」な存在なのである。このように、一つのものを多面的に捉えて一つに表すのが、西田哲学の特質なのである。ちなみに西田は、『善の研究』において、既にこう言っている。

思惟あるいは意志において、一つの目的表象が連続的に働く時、我々はこれを一つのものと見なければならぬように、たといその統一作用が時間上には切れていても、一つのものと考えねばならぬと思う。(小坂国継全注釈：講談社学術文庫、二〇〇六、第一編第一章七)

例えば、〈昨日の意志〉と〈今日の意志〉は、非連続の連続であり得るのである。それらは、一面において非連続であるが、他面においては連続であり得るのである。そしてその場合、両者は「矛盾的自己同一」な存在なのである。

同様の例をもう一つ挙げてみよう。我々は、或る一定の対象を描くには、或る一定の視点からのその対象の見え姿を描くのである。それが普通の常識である。この普通の常識に反して、非常識にも、或る一定の対象を複数の視点からのその対象の見え姿を通して描く画法が登場した。セザンヌに始まり、ピカソで「キュビズム」と称されるようになった画法がそれである。そこにおいては、その対象は、複数の視点からのその対象の見え姿の矛盾的自己同一者なのである。この観点からすれば、ピカソは美術界における西田幾多郎であり、西田幾多郎は哲学界におけるピカソである、ということになる。ただし私個人としては、ピカソの絵よりも、「キュビズム」の夜明けを告げたところの、複数の視点から描かれたセザンヌのリンゴを中心とした静物画が好きだ。複数あるが、いずれも今にも動き出しそうな、言い知れぬ生命力が感じられるからである。

「矛盾的自己同一」に似た例は、ハイデガーの文章にもみられる。例えば、「被投的な投企」（『存在と時間』第三十一節）がその一例である。（本書のⅦを参照）また、「命運的な運命」（『存在と時間』第七十四節）も、その一例であろう。この場合には、後出の「個物的限定」が命運に、「一般的限定」が運命に当たるであろう。ちなみに西田は、「我が子の死」という一文において、「運命は外から働くばかりでなく内からも働く」と言っている（上田閑照編『西田幾多郎随筆集』岩波文庫、一九九六、七八頁）。この場合、勿論、「外から働く」のが運命であり、「内から働く」のが命運であろう。

ここで私は、仏教用語に「不一不異」という言葉があることを思い出す。「一にあらず、異にあらず」というのである。俗な意味で、何かAとBという二つのものが有った場合、（例えば、失敗と成功という二つのものが有った場合、）それらは、実は、一つのものではないが、別異のものでもない、というのである（「失敗は成功のもと」とも言うではないか。確かな失敗は、成功の一部なのである）。これを今の場合に当てはめれば、〈昨日の私〉と〈今日の私〉は、一つのものではないが、確かに別異のものでもない。ここに、両者の「矛盾的自己同一」を認めることは、それほど無理筋ではないであろう。そして勿論、西田が「不一不異」という言葉を知らなかったはずはない。

ことのついでに、もう少し脇道にそれてみよう。例えば、さきのクイズが思考する世界の範囲を二次元から三次元に広げることによって、簡単に解けたように、今度は、三次元の空間の世界を、時間というもう一つの次元を加えて、四次元の世界に広げることによって（更には、「光速度不変の原理」という新しい原理を加えて、ではあるが）ニュートンの古典物理学の世界から、アインシュタインの（特殊）相対性理論の世界に到ることが出来たのである。そしてそれによって我々は、古典物理学では解けなかった多くの謎が、簡単に、ではないかもしれないが、きれいに解けたのである。これは、科学史上でのパラダイム・チェンジの典型例として、よく引かれる例である。『哲学論文集第六』序に於いて、西田幾多郎はこう言っている。「私の哲学に対して、種々の批評もあるが、異なった立場からの批評は、真の批評とはならないと思うのである。」

このことは、ユークリッド幾何学の立場からする非ユークリッド幾何学への批判は無意味である、ということを思い起こせば、自明の理であろう。この観点からすれば「西田哲学」は、哲学における非ユークリッド幾何学であることになる。

ユークリッド幾何学は、完全に平らな平面上の幾何学である。これに対し、各点においてそれぞれの曲率（曲がり具合）を有する平面上の幾何学、要するに曲面上の幾何学、というものが考えられる。これが非ユークリッド幾何学である。そのうちの最もわかりやすい例が、球面上の幾何学である。リーマンによるリーマン幾何学がそれである。それにおいては、平行線はその両端において交わり、三角形の内角の和は（二直角ではなく）三直角になり得るのである。ユークリッド幾何学からすれば、そんなバカな、ということになるであろうが、しかし、リーマンによれば、そういう幾何学が全く整合的に成り立つのである。ユークリッド幾何学の立場からする非ユークリッド幾何学への批判は無意味である、という所以である。思考の根源的前提が全く異なっているからである。

II　生と実在の論理

私は、判断が可能であるためには、何らかの意味で一般者（普遍）が考えられ、その一般者の自己限定が判断である、と考えるのである。そして普通の知識の世界は、限定された一般者（語られた一般者）の自己限定に依って成立するのであるが、限定された一般者（語られた一般者）の自己限定に依っては、個物（自己）にまで達する事は出来ない。個物（自己）に達するには、飛躍 Sprung がなければならない。そして個物（自己）を限定する一般者は、もはや限定された一般者（語られた一般者）ではあり得ずして、無限定なる一般者（語られ得ぬ一般者）、即ち無の一般者でなければならない。無の一般者の自己限定は、しからば、いかなるものであろうか。それは、自覚的一般者の限定である。即ち、我の限定である。元来、自己は、自己として（対象的に）見られたならば、既に自己ではない。自己を限定するものは、したがって、見られぬ自己であり、無なる自己であらねばならない。即ち、自己は、無なる行為的自己（語られ得ぬ行為的自己）の限定において成立するのである。

以上は、判断を一般者（普遍）の自己限定として考えたのであり、プラトン的な考え方であるが、逆に個物の自己限定として、判断をアリストテレス的にも考え得よう。けだし、いかに一般者を限定して letzte Spezies［最後の種］に達しても、それは未だ（種であって）個物ではない。個物に達するには無の一般者（語られ得ぬ一般者）の自己限定に依らねばならぬのであるが、それは限定された一般者（語られた一般者）の自己限定では達せられ得ない。しかも判断は、真に判断である以上、個物にまで達しなければならない。それ故アリストテレスは、プラトン的に一般者の方から出発する事をよして、個物から出発した。即ち、個物の自己限定に依って判断が可能となり、判断が成立すると考えたのである。即ち、プラトンは一般者の自己限定により、アリストテレスは個物の自己限定によって、判断が可能となると考えたのである。したがって、プラトンとアリストテレスとを併せて考えれば、そのいずれもが充分ではなくして、一般者と個物とは相互的 Wechsel であり、したがって Individuum＝Allgemeines［個物＝一般者］でなければならない。即ち、その個物は（形式論理学にあるような、概念的・抽象的な普遍ではなく、個物を構成する）具体的普遍でなければならない。しかし、それはいかにして可能であろうか。判断は、個物の自己限定によって可能である、というけれど、個物の自己限定とは何であるか。

（116:14–20）

（116:21–117:7）

註：「個物は、それを構成する具体的普遍（具体的一般者）である」。これが「個物＝一般者」の真意であると思う。そしてプラトンは、一般者を論理的に先なるものと考えて、判断を総合判断と考え、アリストテレスは、個物を論理的に先なるものと考えて、判断を分析判断と考えた。

一般者から個物に達する事は出来なかった。個物は捉え難く達し難い（unerreichbar, unfaßbar）。個物が限定されて初めて判断が可能となるのであるけれど、しかし個物が限定され終われば、（それは）既に個物ではない。（個物の本質は〈自由〉にあるのであり、限定され終われば、その〈自由〉は失われてしまっているのである。したがって、限定され終われば、個物はその本質を失い、既に個物ではないのである。）それにも関わらず個物は、なお自己を（自由に）限定し得なければならない。（中略）単に他から限定されるのみで自らを限定しない個物は、真の個物ではない。したがって真の個物は、（他を限定すべく、自らを）限定する事と（他から）限定される事との両方からの極限でなければならない。それは、他からの限定の極限であって、また、他を限定し返すもの、でなければならない。（他から）限定された極限において、却って（他を限定すべく）自ら自らを限定するのである。（中略）個物は、かくして矛盾である。（これは、ニュートン力学において「物は、作用を受ければ、同時に同じだけの反作用を与え返す：ニュートンの第三法則」というのと、似ている。そして勿論、これは矛盾ではない。）

(117:8–16)

「個物は、かくして矛盾である」という事は、時における瞬間の限定においても、知られよう。瞬間は、時という（具体的）一般者（――歴史という時の流れ――）の自己限定の極限である。しかも瞬間は、（その自己）限定の極限でありながら、なお捉え終わる事が出来ない。しかも却って、時（という具体的一般者）は、（その）瞬間（・瞬間）から決まるのである。（時という歴史の流れは、その瞬間・瞬間から決まるのである。）そこに、das Einzelne ist das Allgemeine［個物は一般者である］の意味が認められている。個物は、かくて implicit に［暗に］はあらゆる一般者を含み、かくして、判断が可能となるのである。まことに個物の極限に行く事は ein Unerreichbares［達し難いもの］に行きあたる事である。その達し難きものに達した時に、逆の方向への限定が見られるのである。（中略）個物は、限定（されるそ）の極限において、（自由を失い）無になるのである。死するのである。しかし、自らに死する事によって、個物は甦るのである。無から自己を限定し来るのである。無にぶつかる事によって、はねかえるのである。個物と一般者とは、相互に限定するのである。相互の間に Schwanken［揺れ］（相互作用）が存するのである。

(117:16–118:2)

（一）その有様を表から、即ち一般者の方向から見るならば、個物は（無なる）一般者の限定として常に無に接し、無にぶつかり、自己を滅しつつ常に新たに甦るのである。それは個物から個物に飛躍しつつ動く事である。モナドからモナドに移る事であり、点から点に動く事である。そこに動く個物 bewegendes Individuum［動く個物］が見られ、bestimmtes［限定される］ならぬ bestimmendes Individuum［限定する個物］が見られるのである。かかる（この世に）唯一な個物（モナド）が考えられる事によって、逆に（その個物を限定した）一般者が決定（限定）されるのである。その事は、時間においても見出される。瞬間はまことに unerreichbar［達し難い］である。しかも、何らかの仕方において捕まえられるから、時（瞬間）が一般（一般者）に限定されるのである。（そして）一つの瞬間が限定されるとは、それは絶対に触れる事であり、それは同時に、その瞬間が滅して次の瞬間が生まれる事なのである。かくしてそこに時間系列が見られる。

（二）しかしその同じ有様を裏または底から、即ち個物そのものから見ると、いかがであろうか。その時は、時間系列は消えて、同じ一つの点に永遠の Schwankung［揺れ］が見られるのみである。時（瞬間）は（瞬間・瞬間…と）足踏みをするのである。その時、瞬間は時において無しとも考えられるのである。そこ（その瞬間）は永遠の今である。瞬間が時を超えると共に、永遠の未来と（永遠の）過去とが消されるのである。（永遠の未来と永遠の過去とが、その瞬間という一点に集約されるのである。「一般者＝個物」となるのである。）ここに我が自由である事の根拠がある。（一般者の行為が、即ち、個物の行為となるからである。）

かくして個物は一般者の限定の極限であり、一般者は個物の限定として考えられる。かくて真の判断は、個物と一般者との両方から成立するのである。その中間にあるのである。個物は死する事によって生まれるのである（durch den Tot gebären）。個物は、自己を破壊（否定）する事によって生まれ、生まれる事によって自己を破壊（否定）する。それ故個物は、瞬間に等しく、点から点に（sprunghaft［飛躍的］）に移るのである。時には、連続はないのである。しからば、飛躍とは何であるか。しかしてそこには何等、点と点とを結ぶ媒介物はないのであろうか。

（118:3–14）

まことに個物は、自ら自己を限定する。それは自我を顧みれば明らかである。自我は個物の極限である。しかして自我が定まって世界が定まるのである。（「自我＝個物＝一般者」であるのであるから、自我が定まれば、具体的一般者が定まり、具体的一般者が定まれば、世界が定まる、という訳である。）一般者の自己限定において、個物はむしろ（その）極限を超えたものである。即ち、無なるもの、死したもの（否定されたもの）である。しかし、死したもの（否定されたもの）であるという時、同時に個物は生まれるのである。そこに個物と一般者の Wechselbestimmung［相互限定］がある。

（118:15–19）

さて今、私は、個物は一般者の（自己限定の）極限を超えたものである、と言った。しかしそれを超える時に、全く一般者の外に出てしまうのではない。一般者はやはり（あくまで）個物を限定しなければならない。限定出来なくとも、（限定）しようとしなければならない。この無限に個物を限定せんとし、然も限定し得ざる一般者の姿がSollen（当為、ねばならぬ）として見られるのである。個物は捉えんとして捉え得ざるものである。限定すべくして限定し得ないものである。逆に言えば、個物は、一般者に従うべくして無限に従わぬものなのである。個物が、例えば、αとして（新に）限定される時、（その途端にその個物は自由を失い、したがって、その個物は、αとして）限定されると共に既に個物たる意味においては死して、（新しい生を求めて）次のβに移っているのである。個物そのものは（どこまで行っても）無限に限定され尽くされないのである。かくして、α（として限定された個物）がβに移る時、αを限定した一般者は、（「αとして限定すべし」という）Sollenとして、βに残るのである。

（118:20-23）

（118:23-119:6）

註：電子の位置を知ろうとすれば、問題の電子に光を当てて、その反射光をなんらかの光学機器（顕微鏡）で受けねばならない。しかし、光を当てると、反射光が光学機器に達す

る間に、問題の電子は、当てられた光によって、動いてしまう。したがって電子の位置というものは、原理的に知り得ないのである。これは、量子力学においては（ハイゼンベルクの「不確定性原理」として）よく知られた事実である。西田による個物と一般者との関係は、これとよく似ている。

個物とは、いかなるものであろうか。それは、自ら自己を限定すると共に、他によって限定されるものでなければならない。（中略）個物は、他によって限定されている、と云う意味をもたなければならない。それは確かに矛盾である。しかしこの矛盾的な限定が、初めて個物を限定するのである。個物は矛盾である。まことに個物は、限定された時に、滅ぶのであるけれど、その亡ぶところから常に生まれるのである。否定が肯定なのである。（否定が肯定に転じるのである。）

（121:4–8）

すべて実在するものは時においてあり、wirklich［現実的、実在的］なものは zeitlich［時間的］であり、時は実在の形式と考えられる。しかし時は、普通に考えられる様に、過去から未来に一直線に進行する如きものではない。それは、（抽象的に）考えられた時に過ぎず、かかる時においては、過去の過去は見られ得ず、未来の未来は知られ得ない。それのみか、現在そのものが捉えられないのである。現在がないのである。しかしながら、現在のない「時」は、現実的な時ではない。我々はむしろ、時を現在から考えなければならない。現在から過去と未来とが考えられるのである。時の出発点は現在なのである。しかし、かかる現在は如何にして決まるか。瞬間は如何にして決まるか。瞬間は、一つの Individuelles［個体的（個物的）なもの］である。個体（個物）の如きものであるが故に、real［現実的、実在的］なのである。そこから、現実の時が決まるのである。しかし個物は、先に述べた如く、矛盾したものである。その様に、瞬間も矛盾（したもの）である。（今の）瞬間は唯一でなければならない。あくまで（唯一として）限定されたものでなければならない。しかも瞬間は、捉えられてはならない。捉えられてしまえば、最早現在の瞬間ではない。それ故、瞬間は限定されてはならない。かくして瞬間は、限定されて限定されぬものとして、矛盾である。真に個物と言われるものは、かくの如き瞬間に他ならないのである。かかる瞬間の自己限定は、自己を限定する事によって自己を失い、しかも自己を失う事によって、自己を得るのである。瞬間は、消える事によって生まれるのである。そこでは、時は常に滅して、しかも常に甦るのである。普通に時は連続線と考えられている。しかしそれは、空間化された時に過ぎない。真の時は、各瞬間において消え、各瞬間において始まるのである。各瞬間においてすべての過去を消し、（自由になって）すべての未来を始め得る。（中略）時は消えて生ずるものの連続であり、点から点へ、瞬間から瞬間への、飛躍的な連続である。時は、矛盾において成立する。時は、弁証法的である。時は無限に変じつつ無限に変じない。（時は自己同一を保っている。）すべての時は絶対の無において消えて、絶対の無において生まれるのである。絶対の無は変じない。そこに永遠の今がある。「時は止まる」と言われる所以である。現在が現在を限定する時に、限定するものなくして現在が限定されるのである。無にして現在が限定されるのである。そこに無数の時が可能になる。その無数の時をつつむものが、即ち永遠の今なのである。かかる永遠の今のいずれの点においても、時は消えてまた新たに生まれる。かくて時は、常に新しくどこからでも始まる。その無数の時が表から見られた時、それは一つの点に収まるとも考えられる。その一点がすべての運動をつつむのである。その永遠の場所において、種々なる時が可能になる。それ故に種々なる時は場所の意味をもち、空間的な意味をもつ。ここにOrtzeit［場所的時間］が認められるべき所以がある。

（121:16–122:16）

註：私が現在生きているこの「今」という瞬間は、具体的には、宇宙創成の始めからの長い長い歴史の先端においてあり、これからの長い長い未来の歴史の始まりにおいてあるのである。この長い長い宇宙の歴史全体を抜きにしては、「今」というこの瞬間を語ることは出来ない。「今」は、宇宙史全体を、いわば意味上飲み込んでいるのである。ライプニッツ的に言えば、「今」は、宇宙史全体を映しているのだ、と言ってもよい。そして西田的に言えば、同じことが、「今」は宇宙史全体の自己限定である、ということに

なる。「今」という瞬間は、或る意味では「点」であるが、或る意味では「全体」なのである。禅宗では、このような事態を「一即多・多即一」と言う。西田のいう「個物＝一般者」は、これである。そして、宇宙史全体をいわば意味上飲み込んでいる「今」が「永遠の今」と言われる。それは、宇宙史全体という「永遠」を、意味上飲み込んでいるからである。そして、その宇宙史全体が、いわば時計なのである。

時の構造はかくの如きものであるとして、次に、しからば「我」とは如何なるものであろうか。すべての時（――過去・現在・未来――）は、（この）現在（――永遠の今・絶対現在――）の（自己）限定によって定められる。時の中心は、現在である。その現在の意味を深く尋ねて行けば、自我とは何であるかが明らかになるであろう。まことに過去の我も未来の我も、現在の我から考えられるのである。現在が、（過去・現在・未来を通じての、自己同一なる）我の中心 Zentrum なのである。自己のある処が現在であり、現在は我のある処（場所）である。現在（絶対現在）の自己限定が、即ち我の自己限定なのである。我は時においてあり、否、時は我においてあるのである。一体、個物 Individuum が定まるのは、瞬間からである。しからば、瞬間は何によって定まるか。瞬間を定めるのは、自我である。個体（個物）は、全体が（先ず）あり、（即ち）Weltall［万有］が先ずあって、そこから定まるのでなく、瞬間から時が定まる様に、自我から全体が定まるのである。（中略）個物の根底は自我なのである。自我の（自己）限定によって個物は可能になる。自我がすべて弁証法的なるものの根底なのである。

（122:18–123:4）

時が、実在の形式であり、実在は、時の形式において考えられるのである。しかるに時は、自覚において成立する。自覚的限定とは、対象的（なるものによる）限定、即ち有の限定（有なるものによる限定）に対し、（それによって）限定するものなくして限定する無の限定、である。即ち時は、無の自己限定に於いて成立する。時はかくして、無の自己限定（無の自覚）としての現在から、決定されるのである。自覚は、しかるに、人格の自覚である。人格は、更に自己の Identität［同一性］を前提する。かかる人格の自己同一は、如何にして考えられるか。それは、普通に考えられる様に、内部知覚によって可能となるのではない。自己が自己を限定するのは、むしろ、欲望の形においてなのである。自我はかくして、しばしば意志であると言われる。自己実現とは欲望の満足だ、と言われるのである。しかし私は、むしろその反対を主張する。欲望の満足は、実は却って、自己の否定に帰するのである。我々の人格の根底を成すものは、愛なのである。しかも愛は、欲望と逆の方向に成立するものなのである。しからば、愛とは如何なるものか。AとBとが完全に Getrennt［独立］であって、しかもAがBにおいて自己を見る事が、愛なのである。真の愛は、getrennt なもの即ち独立なものの間において成立する。それは、欲望の満足ではないのである。愛とは Verbindung d. absolute Getrennten［絶対に分離したものの結合］である。A、B、C等の一々が絶対自由で、云わば目的の王国を形成するところに、愛が可能なのである。したがって、「私」が成立するためには、他の人格が同時に成立していなければならない。しかして、愛がその間を結合するのである。それは、幾多の人格の間において見出されるばかりでなく、私の一人格の一々の瞬間の間にも成立するのである。人格の統一は、かくて愛（他愛と自愛）において可能なのである。

（127:7–20）

実在は、時間的である、即ち（生きているこの）我の自己限定（行為）であり、人格が人格を限定する（社会的な）自覚的限定（行為）であり、愛の限定（行為）である。これが、最も具体的直接的な実在であり、あらゆる実在の根底である。したがって実在とは何かと問われれば、それは更に歴史的である、と言い得よう。実在するものは、歴史的なのである。自然の如きものも、それが実在的と言い得るのは時間的であり、歴史的であるからである。（このことは、大きな災害を起こした自然現象を考えれば、明らかであろう。）すべては、自我の限定として歴史的である。歴史的実在は時間形式において成立するのであるが、時間の根底は自我（の愛）であり、アガペ（無の愛）である。即ち（その）無の限定が歴史を可能にし、すべての実在を可能にするのである。したがって、歴史的世界の subject［主体］は何であるかと言うならば、自然的世界の subject が意識一般（個々の意識の背後にある一般者）の如きものであるのに対し、それは、永遠の今であるであろう。永遠の今の（自己）限定として、歴史は成立するのである。したがって歴史は、単に過去から未来へ行くのみではない。けだし、時は何処からでも始まり、歴史は何処からでも起こるからである。d. ewige Nun［永遠の今］は nowhere［何処にもない］にして everywhere［何処にもある］である。

（127:21–128:6）

かかる歴史的限定とは、如何なるものであろうか。それは、身体的限定であると言えよう。身体とは、如何なるものであろうか。それは、ギリシャ人が考えたように、単に生理的なものである事は出来ない。身体は、行為の Organ［器官］でなければならない。したがって身体は、自我の意志によって定まるのである。それは、決して単に生理的目的論的なものではあり得ない。身体は必ず私の身体であるか、汝の身体である。意志が、したがって、身体を決定しているのである。私の意志が、私の身体を決定するのである。ここからして、身体の本質が理解されなければならない。かくの如くに考えれば、身体とは如何なるものであろうか。身体は、矛盾した二つの性格を有している。まず身体は、我の運動の Organ である。その限りにおいて、身体は我である。しかし次に身体は、我に対して Widerstand 反抗するものとして、我ではない。即ち、我の自己限定によって成立するものでありながら、我に反対する Widerstand（なるもの）なのである。

かかる事は、如何にして可能であろうか。

（128 : 7–14）

すべて個物 Individuum は Bestimmendes［限定するもの］であって、しかも Bestimmtes［限定されるもの］である。（それは、）限定された極限において自己を超え、却って自己を限定し来るものなのである。（その自己）限定の極限において自己を失い、無に接すると共に、無の限定として自己を新たに生むものなのである。かかる無の自己限定は、三つの形に於いて、理解される。第一は、（今・今・今……という）永遠の今の無限の足踏みとして、一つの点である。しかし第二に、それを横に（横から）望むれば、飛躍的な点の連続として、一つの線である。しかし第三に、その線は、同じ一つの点に（回帰し、同じ一つの点に）包まれたものとして、円環と考えられるのである。自我は、かかる形式をもつ一つの個物である。即ち自我は、（一）自己同一として一つの点であり、（二）時間の系列において一つの線であり、（三）しかもその線は、（常に、自己同一としての一つの点に回帰して）一つにまとまる故に、円環である。円環をなすところに、反省の意味がある。さて、かかる個物が自我なのであるが、かかる自我において、有（なるもの）の（自己）限定としてまとめ得る限りが、内部知覚の世界なのである。しかし、我は常にかかる有（なるもの）の（自己）限定を破って無なるものに接するのである。したがって、ノエマ的（対象的）には、我は絶えず死するのである。しかしノエシス的（作用的）に見れば、我は絶えずその死の面から生まれ出るのである。我は、死の面に触れると共に、甦るのである。（中略）死する事によって、生きるのである。この不連続の連続が、我である。（中略）しかし、昨日の我と今日の我とには、超え難い切断がある。しかもその切断を超えて、我は結合されるのである。実に肉体は、かかる切断の連続を可能にするものなのである。生理学者は、それを肉体がもつ物質としての持続 Stetigkeit に基づかしむるであろう。しかし直接に見れば、肉体は、（解釈されるべき）表現にして同時に行為である。そして肉体は、この二つの意味を持つ事によって、自我における非連続の連続を可能にするのである。

（128:15–129:9）

註：行為とはいかなるものであろうか。行為とは、今に死することによって、一瞬先の今に生まれるものなのである。Aとしてあるものは、Bに到ることによって、一度死ぬ。しかもAとしてあるものは、Bにおいて自己同一的に再び自己を見出して、再生する。かくのごとく、死してまた生まれるのが、行為である。そこには、自己同一性が貫かれている。ここにあるものは、矛盾的自己同一なのである。

III　現実の世界の論理的構造（一）

具体的現実の世界、真の現実の世界というものは、（中略）我々に対立するもの、我々の主観と対立するもの、（であると）同時に、我々の主観というものがその中に這入り得るもの、でなくてはならない。即ち、主観客観を包んだもの、でなくてはならない。我々は、我々の立場に立って考えて見ると、我々は、この現実の世界に生まれ、この現実の世界において働き、この現実の世界において死に行くものである。それで、真に現実の世界というものは、我々に対立するところの、即ち、どこまでも我々を否定する意味を、持っている。（真に現実の世界というものは、我々に）対立する、即ち（我々の）自分ではない non-ego であって、即ち、我々を否定し尽くすという意味をもって居らなければならない。対立する（という）意味は、そういう意味（である）。（中略）我々の客観、本当の実在、本当の現実の世界というものは、我々に対立し、そうして我々を否定するという意味を持っていると共に、（中略）我々はそれから生まれ、それにおいて働き、それにおいて死に行く、こういうものでなくてはならぬ。それはまあ、主観的のもの及び客観的のもの、主観客観両方を包んだようなもの、それを我々は「現実の世界」と考えなければならぬだろう、と思う。私は、私の「現実の世界」というのは、今言ったような意味に定義する。

(205:14–206:2)

私は、まあ、こういう風に考えて居るが、一体これまでの哲学というものは、(中略) 自分というものを、知識的のものと考えて居ると思う。即ち、この世界というものを、知的自己 (中略) 知的立場 (中略) から (中略) 見ている。しかし本当の「我」というものは、そういうものではなしに、現実において働くもの、でなくてはならない。即ち、「我」は「行為的自己」でなければならぬ。Handlung [行為] の意識がなくてはならない。(中略) 我々の自己は、働くもの、この客観界というものを転じ変えて行き、その代わりまた同時に、自分が客観界から変えられる (ものでなければならない)。

(206:14–20)

従前の哲学では、二つの立場から考えるのです。一つは、客観的立場から考え、一つは、主観的立場から考える。客観的立場から考えるというのは、やはりまあ普通の Wissenschaft [学問、科学] で考えるような科学 (を意味し、そこには)、何か客観的に我々に対立するものがある。そういうものは、どういうものであるかというと、誰にも共通なところのもので、即ち、一般というようなもの、Allgemeines というような要素をもったもの、それを言い換えれば、法則的、自然の法則と云うような、自然ばかりでない、もっと法則は広い意味ですが、法則的なもの、ドイツ語で言えば gesetzmäßig なもの、だから客観主義に立つと、そういう事実に就いて、その事実の法則というものから、ものを考える。（中略）それから、もう一つは主観の立場から考える。即ちそれは、自己というものからすべてのものを見る。自己というものがあって、物があるのだ、こういう立場で、主観から出発する。（中略）だからして、前の客観から考える考え方を Realismus［現実主義］というならば、そういう主観の立場から考える考え方を Idealismus［観念主義］、こう言ってよかろうと思う。

（207：15–208：3）

しかしどうも今私の言うような現実（の世）界というものを考えるには、それは、どちらの立場から出立してもいけないという事は、判りきったこと。何か我々は両方を含むような、いわゆる客観界と主観界の両方を含むような、即ち、両方に共通な立場から出立しなければ考えられないだろうと思うのです。

（208：4–6）

そこで私は――（中略）ただ私の考えを率直に言うならば、私はこれ（主観界、客観界、両方に共通な立場）は、論理というものだろうと思う。Logik、論理というものの立場にたって考えてみる。現実の世界というものは、主観、客観を包んだものと考えるならば、そういう現実の世界というものの構造は、どういう風に成り立つものであるか、という事を明らかにする、そこから出立するより外ない。論理的にそれ（現実の世界）を摑んでみる、という事になる。一体、論理というものは、（主観、客観）両方の世界に共通な基礎をもったものだ、と私は考えるのであります。（中略）そこで私は、とにかく論理というような立場から出立して見なければならない、と考えるのであります。

（208：11–209：22）

無論その論理というものは、諸君の直ぐに頭に浮かんで来るような、普通の形式論理で（は）ない。従来、論理学で考えられて居るような論理というものでは、それは考えられない。そういう論理の形式を以てしては、今私が考えようとするようなものを考えることは出来ない。（中略）これまでの論理というものは、その論理の中心点と言うものを、判断で言えば、すべて、主語に中心を置いた論理である。A is B といえば、Aという主語中心の論理である。そう考えると、すぐに客観的のものになってしまう。（「A」と言ったとたんに、Aという対象が客観的に立てられてしまう。）

（209：23–210：4）

それで、もう少し違った意味の論理というものを考えなければならぬ。ただ違った論理と言うものを考えるのではなしに、これまでの論理というものをも、その中に含み得るものでなくてはならぬ。私の考えている論理は、これまでの論理と違ったものではなく、これまでの論理は、それの special case［特殊な場合］、その或る一面である、というものである。それで、昔からの哲学史、従来の哲学で、論理の立場から出発したものはないか。無論、それはある。大いにある。

（210：5–9）

註：よく知られているようにカントは、『純粋理性批判』において Transzendentallogik［先験論理］と言うものを提唱した。これは、自然科学の認識が成立するために必要な、認識主観が具備すべき機構であって、これなくしては、自然科学の認識は成立しない、というのである。したがってそれは、経験的に発見されるべき機構ではなく、経験に先立って、先験的に具備すべき機構なのである。したがってそれは、法則ではなく、本来の意味においての〈論理〉なのである。〈法則〉は、そうでないことも可能であるのに対し、〈論理〉は、そうでないことは不可能なのであり、そしてその意味でカントは〈先験論理〉を提唱したのである。

それでは、カントの説述したところの、あの Transzendentallogik と言っているもの、即ち先験論理、ああいうもので以て、そんならばよいかと言うと、それ（先験論理で）はやはり私は、主観界というものを包むことは出来ない、と思うのです。（中略）（先験論理では）主観界というものは解らない（の）です。だからしてカント哲学の立場からして、色々心理学というものを論じてゆくと云うと、やはり精神現象というものは、いわゆる物質現象というもの、客観的のものに還元されてしまう。そうすれば、いわゆる人間の自由と言うものは、あの（先験論理の）中に（は）這入って来ない。即ち、我々の本当の働く自己と言うものは、あの（先験論理の）中に（は）這入らないのです。だからしてカントは、別に『実践理性批判』という書物（を書いて、そこ）において、そういう（我々の本当に働く自己と言う）ものは、現象界の外に考えた我（である、）と言っている。（ここでカントは、）いわゆる道徳的自覚というものを基礎にして考えて居る（のであるが、）しかしそれ（その世界）は我々が real［現実］と考える世界で（は）ない。こういう風にカント（で）はなってしまっているのです。

（212:19–213:3）

今言ったように、（カントでは）本当の現実世界と言うものを考えることは出来ない。現実世界と云うものは、我々がそれに於いて生まれ、それに於いて働き、それに於いて死ぬ世界、でなくてはならぬ。それを一言で言えば、我々の現実世界と云うものは、社会的歴史的でなくてはならぬ、geschichtliche Welt〔歴史的世界〕でなくてはならぬ。（中略）我々の現実世界と云うものは、我々の歴史的世界である。それは、我々がそれに於いて生まれ、それに於いて死ぬ世界であって、歴史として我々に対立する。歴史的世界と云うものは、我々が如何ともすることが出来ない、我々に対するアクチュアリティをもったもの。だからしてカント哲学からして（は）本当の歴史的世界というものは考えられない（の）です。

（213:4–12）

（それでは、本当の現実世界、歴史的世界を考え得る哲学、論理はないのであろうか。）私は、それは（哲学史上では）やはりヘーゲルの Dialektik〔弁証法〕（が一番）だ、（と思う。それは）主観と客観を包んだ論理（である）。

（213:22–214:1）

ヘーゲルはどう言っているかというと、判断というものは、個物が一般である、主語が述語である、こういうことが、すべての判断の言い表しているものだ、（というのである。）（これは、普通に言われている）形式論理（が言っている事とは、）よほど違ったものだ。形式論理（で）は、（判断においては、）特殊が一般の中に含まれている。大体そういう風な考えが、もとになっている。特殊なものと一般のものは、無論別のものであって、特殊なものが一般の中に含まれる、こういうのが、形式論理というもののまあ根本形式というものであるが、ヘーゲルは、我々が本当の実在を考える時に（行う）判断というものは、そういうものではなくて、Das Einzelne ist das Allgemeine; das Allgemeine ist das Prädikat［個物は一般であり、一般は述語である］と言うのです。それは（中略）つまり、個物と一般が一つだ、という事（である）。だからして我々は、ものを判断する事を簡単に考えて居るけれども、本当に判断する時には、いつでもそういう矛盾を言い表している（のである）。

（221：13–20）

（ところで、一般とは何か。我々はそれを、具体的に「一般者」として考えなくてはならない。そして）例えば、この（現実の）世界と云うようなものを（も）、一つの一般者と考えることが出来るでしょう。この我々の世界に於いてあるもの（個物）は、何か世界と云うものに包まれたもの、世界と云うものに限定され（たもの、と考える事が出来る。こうゆう風に考えた時には、やはりそういう世界を「一般者」と考えてよい。）そしてスピノーザのような言葉を使えば、（この我々の世界に於いてあるもの：個物については、世界の）modification［様態］としてこういうものがあるのだ、（と言ってもよい。）

（222：8–10）

註：西田の「自己限定」は、スピノーザの「様態」に相当する、と言えよう。

（以上の様であるからして、弁証法的論理と云うのは、一即多とか、多即一とか云う場合の論理、あるいは、個物と一般（者）の論理、という事になる。）で、個物と一般（者）という関係から考え（てみ）ると、個物と一般（者）は、互いに相反するものであるが、しかしこれを別々にして考えることは出来ない。そして同様に、一と云うものと多と云うもの、それも全く反対のものであるけれども、しかし離して考える事は出来ない。そうして、この現実の世界と云うものは、いろいろの意味があるけれども、しかし、一般（者）と個物、それから一と多と云うような、そういう論理的構造を以て成り立っているのである。（そしてその論理的構造が、一般に「一即多・多即一」と表現されるのである。）

（230:9–12）

我々の世界と云うようなものは、みんな個物と個物とが相対立して、そうして互いに相働く、こう考えられて居るのであるが、そういう考えを段々（押し）進めて行くと、個物が個物として自分を限定すると云う事（に）は、何か他の個物と云うものが考えられなくてはならない。個物と個物が、対立面において互いに相働くものと考える（からである）。そういう考えを段々徹底して行くというと、その相働くという事に、その（相互作用が働く）空間、即ち、メディアム（媒介物M）と云うもの、が無くてはならない（事になる）。つまり、そのもの（個物同士の相互作用）はメディアム（という一般的なもの）の変化（である）、という事になって行く。

（233：21–234：2）

註：「個物同志の相互作用はメディアム（という一般的なもの）の変化である」という、この分かりにくい思想の背後には、西田の現代物理学についての知識が隠れていると思う。西田は、しばしば、ニュートンの古典力学、ファラデー・マックスウェルの古典電磁力学、アインシュタインの特殊相対性理論と一般相対性理論（重力場の理論）、ボーアの前期量子論、ハイゼンベルク・シュレーディンガー・ディラックの量子力学、そして、ハイゼンベルク・パウリの場の理論を掌中にしているかの如き文章を書く。上記の文章もその一例である。もしかするとその背後には、同じ京都大学における湯川秀樹との交流があったかもしれない。原子核というものは、陽子と中性子（総称して核子）の集まりである。それらは、つかず離れず、相互に一定の距離を保っている。そして、このことを可能にするのが、核子がおいてある場所（中間子の場）の働き（自己限定）なのである。この場合、核子同士の相互作用は、中間子の場という一般的なものの変化（自己限定）なのである、ということになる。

つまり個物が、自分自身が本当に個物となるという時には、何処までも、やはり単に他（の個物）から離れるという事でなしに、他（の個物）と関係する、（という事でなくてはならない）。だからして、それは、自己を否定するということでなくてはならない。そういう互いに相否定する世界と云うものを考えるというと、また、一般的なものが、そこに考えられて来なくてはならない。それだからして、一般的なものが自分自身を否定するという事は、個物の世界となること、（また）個物というものは、自分自身を否定するという事で、一般的の世界になる。

（234：3–7）

一体、この一般的なもの（M）と云うものは、個物というものを、やはりどこまでも自分の中へ包む、というような意味を持っていなければならない。（中略）しかし、どこまでも個物を包もうとすると云うと、つまり、自分自身を否定する、（という事になる）。一般（的なものM）は、一般自身を否定し、それによって（具体的一般者となり）、個物を包む世界になる訳（である）。また、個物の世界がどこまでも成り立ってゆくには、（それを裏打ちする具体的一般者が求められなくてはならない。）そしてそれは、個物が自分を否定するという事である。

（234：8–13）

そうであるからして、一般的なもの（M）は自分自身を否定し、（具体的一般者として）個物の世界になるのである。そしてまた、個物の世界と云うものが本当に成り立つという事は、それは、具体的一般者（M）の自己限定である、という事である。（一般者と個物との）そういう関係、即ち、「一が多であり、多が一である」（一即多・多即一）という関係、これは「弁証法」と言うものだ。（したがって、ここで言う一般者Mは「弁証法的な一般者」と言えよう。そしてまた個物は「弁証法的な個物」と言えよう。）

（234：14–17）

だからして、この弁証法的（な）一般者というものは、即ち、個物（同士の関係）がそれに於いて成り立つそういう意味の一般者である。まあそうゆうように、個物が一般（者）であるとか、一般（者）が個物であるとか、一即一切だとか、仏教でも天台か何か、そんなような事を考える。華厳などで言うような関係でも、いろいろのものが、すべて互いに関係して居る（万物はすべて互いに関係しあっていて、巨大なネットワークを作っている）というような、そうゆう世界というものが、考えられて居る。

（234：18–21）

それだから我々がこの世界と考えているものは、つまりこの個物と個物とが相限定するという世界でなくてはならない。そういう世界は、即ち、今言ったように弁証法的（な）一般者の（自己）限定として考えられるものである。それで、個物と言うと、単に何か我々にとって対象的に向こうにある物というようなものを考えるけれども、しかし、本当の個物と言うようなものは、即ち、我々の自己というようなものである。だからして、我々の自己が成り立つ、私というものが成り立つ、というには、必ずただ「私」というものが一つだけ成り立っているのではなしに、必ず「汝」というようなものと対立していなくてはならぬ。で、私と汝というものが成り立つには、私と汝というようなものが互いに相関係する場所（現代物理学のイメージで言えば、「場」）というようなものが、なくてはならぬ。だからして、今言ったような弁証法的（な）一般者（M）というものは、即ち、私と汝の関係がそこに於いて成り立つような、即ち、私と汝を包む、即ち、我々がその中において関係するというような、そういう世界（中略）なのである。

（234：22–235：6）

そこで、本当の弁証法（の世界）というのは、今言ったような具合に、（表から見れば）個物の世界だ。そして、我々が相対立しているところの個物の世界というものが、（裏から見れば）それが直ちに、一般の世界というような意味を持っていなければならぬ。一般の世界というものはまた個物の世界という意味を持っていなければならない。これは、個物というものの世界というものによって、一般が消されるというものでもなし、また、一般というもののために個物が消されるというのでもない。

で、（表裏のような関係にある）個物と一般、個物の世界と一般（者）の世界は、いつでも（全体としては）一つであって、そして、何処までも、対立していなければならない。個物の世界から言えば、個物がどこまでも一般を限定する。即ち個物は（自ら）働く。（そして、）個物が（自ら）働くという事は、個物がどこまでも一般的なものを限定して行く（という事である）。同時にまた個物は、何処までも一般から限定されている。で、どちらが基礎で、どちらがそれに包まれるとか云う事はない。どちらも絶対に（独立で）相反するものでなくてはならぬ。そして、絶対に相反するものであって、（しかし全体としては）一つである。そういうものでなくてはならないと、思うのです。

（236：22–237：2）

註：「一即多・多即一」という個物と一般の関係は、後の西田の用語を用いれば、「個物と一般は絶対矛盾的自己同一である」ということになる。個物を抜きにしては一般を語ることは出来ず、一般を抜きにしては個物を語ることは出来ない。個物と一般は、意味上一体なのである。そして、意味上一体であるということは、存在上も一体である、ということ、自己同一である、ということではなかろうか。

（237：3–7）

我々が実在の世界と考えるものは、(何はともあれ)個物と個物とが互いに相働く世界でなくてはならぬ。そういう世界というものは、論理的にどういう構造を持っていなければならないかというと、一が多であり、多が一である、そういう論理的構造を持っていなければならない。それが、本当の弁証法的論理というものである。それで、その「一が多であり、多が一である」という事はどういう事かというと、つまり、一つというものは、一つとして成り立たないのであって、一つというものは必ず何かに対する、即ち多との関係で以て、一は多というような意味を持たなければならない。しかしまた、多というものは、互いに関係しなくてはならないので、必ず一つというような意味を持たなければならない。単に一つというものが多になるという風に考えることは出来ないし、それからまた、多が一つになるとも考えられない。つまり、一と多が、いつも一緒になっていなければならない。それで、本当の一般者というものは、一と多が一つになったもの(多を自覚したもの)、なのである。

(242:9–17)

註:西田は、一般者Mを「弁証法的一般者」と言っている。しかし次の章(**Ⅳ 行為的自己の立場**)においても、これとは違う意味で、しかも、もっと大切な意味で、この「弁証法的一般者」という言葉を遣っている。それで、この区別をはっきりさせるために、一般者Mの方を、「弁証法的な一般者」とすることにする。この区別は非常に大切である。

ご注意いただきたい。この章においての「弁証法」の意味は、「一即多・多即一」というときの一と多の矛盾的自己同一という意味においてであり、次章においての「弁証法」の意味は、個物的限定と一般的限定の矛盾的自己同一という意味においてのものである。もっとも西田自身もこの区別は気付いていて、一般者Mの方を「弁証法的の一般者」と言っている個所もある（242:17）。念のため。

Ⅳ　行為的自己の立場

私には、哲学は未だかつて一度も真に行為的自己の立場に立って考えられたことがないのではないか、と思われる。したがって我々が行為するこの現実の世界が如何なるものであるかが、その根底から考えられていない。ギリシャ哲学は言うに及ばず、経験的実在を中心とした近代哲学といえども、その主知主義たるに変わりはない。理性に代えるに感覚を以てしても、感覚的なるものも知的自己の対象たるを免れない。実践を中心とすると称するマルクス主義といえども、対象的なるものから行為の世界を考えようとする限り、それは、真に行為的自己の立場に立つものではない。実証主義的に考えられる対象界から真に歴史的なるものは出てこない。無論私は、ノエマ的（対象的）なるものなくしてノエシス的（作用的）なるものがある、というのではない。しかし従来のノエマとノエシスとの関係というものは、唯知的自己の立場から考えられたものである。（中略）行為的自己と考えられるものは、いつも社会的でなければならない。ただ一人の自己というものは無い。而してノエマ的に考えられるもの（自己）は、いつも自己に於いて自己を見るという意味に於いて、行為的自己の自覚的内容の意義を持ったものでなければならない。ノエシスはいつもノエマを包む意味を持ったものでなければならない、と思うのである。

（7：1–8：5）

従来の哲学は、その根底に於いて、何処までも主知主義的立場を脱していないと考えられるとともに、我々の自己というものの考え方が、何処までも個人主義的であったと思う。先ず、私と物とが対立する。それから汝というものが考えられる。こういうのが従来の考え方である。汝というものが、私そのものの存在に欠くべからざる要件として、考えられていない。而して、斯く自己というものが単に個人的に考えられたという事は、行為する所に真に我々の自己がある、とは考えなかった事によると思う。私は考える、故に、私は在る、のではなく、私は行為する、故に、私は在る、のである。

（8：6–12）

我々が知的自己の立場に立って考える時、主観と客観とは何処までも対立する。我の世界と物の世界とは何処までも対立する。ノエマとノエシスとは、単に相反する方向と考えられる。しかし我々の行為という事は、主観が客観を主観化する事であり、逆に客観が主観を客観化する事である。行為的自己の立場というのは、いわゆる主観客観の対立を超えた立場でなければならない。

いわゆる主観客観の対立は、これに於いて成立するのである。知るという事も、一種の行為でなければならない。我々が行為的自己の立場に立つ時、この世界は、単なる主観界でもなければ、単なる客観界でもない。単なる物の世界でもなければ、単なる意識の世界でもない。それは、我々がそこから生まれそこに死に行く人格的生命の世界でなければならない。この世界に於いてあるもの（個物）は全て、自己自身を表現するものであり、それ自身創造的なる形而上学的・社会的・歴史的実在としてこの世界は、無限なる自己自身の表現を持つ、（即ち、）絶対の言葉を持つ。我々はかかる世界の自己限定として、これに於いてあり、これに於いて各自の使命を持つ。働くものを限定する現実の世界の自己限定としてこれに於いてあるものは、一々が個物的でなければならない。その一々が唯一なるものとして絶対の使命を持つと考えられねばならない。而して斯く一々が唯一の個物として絶対の使命を有するという事が、我々一々が（行為において）死すべく生まれ、生まれるべく死するという事である。唯かかる者のみ、真の個物ということが出来るのである。

(10:4–11:2)

我々の真の自己（真の個物）というものは、行為的でなければならない。現実に知る自己と考えられるものも、行為的自己の意味を持ったものでなければならない。而して、行為的自己の対象界と考えられるものは、単なる自然界という如きものではなくして、私と汝との世界でなければならない。社会的・歴史的でなければならない。

（11:9-13）

我々が行為的自己の立場に立って行為的自己の世界を考えるというには、行為的自己の論理というものがなければならない。

（11:14-15）

行為の世界に於いてあるものは、すべて主観的であるとともに客観的、客観的であるとともに主観的、でなければならない。行為の世界と考えられるものは、主客を包むものでなければならない。かかる世界の主体は、単に主客合一というものではなくして、（相対立する主客を包んで）弁証法的に自己自身を限定するものでなければならない。（かかる）弁証法というものが、我々の実践の論理ということが出来る。

（12:11-14）

真の歴史の世界、真の客観的世界は、物（一般）への方向と汝（個物）への方向とが一つとなったもの、でなければならない、（中略）絶対に相反するものの自己同一として、個物的限定と一般的限定とが（自己同一的に）一つとなったもの、でなければならない。（その世界を「弁証法的一般者」の世界と言う。）

（14：13–15）

我々が行為するという事は、個物が個物自身を限定する事であり、しかも、個物が絶対の個物として自己自身を限定する事は、（個物としての）自己自身を否定して自己を一般化する事であり、それは逆に一般が自己自身を限定する事、即ち、自己自身を個物化する事である。我々の行為的自己の世界は、かかる弁証法的一般者の自己限定として、考えられるのである。

（15：8–12）

私は、（中略）我々の判断を成立せしめる真の判断の主体というべきものは、単に主語的なるものではなくして、（或る）それ自身に同一なるもの、即ち、（或る）自己同一と考えられるもの、でなければならぬと思う。それは、主語的たるとともに述語的たるもの、でなければならぬ。しかしそれを単に主客合一として、シェリングのイデンティテートの如きものを考えるならば、それはなおスピノーザ的なるを免れない。真の自己同一というものは、主語として絶対の無であるという意味に於いて、即述語と考えられるものでなければならない。それは、主語面即述語面、述語面即主語面として、絶対に相反するものの自己同一、というものでなければならない。かかる意味の自己同一において、ヘーゲルの言った如く、個物が一般であり、主語が述語である、と考えることが出来、これによって真の判断が成立する、ということが出来る。それ（かかる意味の自己同一）は、個物を包み、個物を限定する意味を持ったものでなければならない、個物と個物との相互限定の場所の意味を持ったものでなければならない。

（17:5–15）

真の個物というのは、（アリストテレスが言うように）単に主語となって述語とならない、というものではなく、自己自身を否定することによって肯定する、という（行為の）意味を持ったものでなければならない。それ（真の自己）は、働くものでなければならぬ。社会的・歴史的実在というものが、単に我々に対立するものではなく、我々を包み我々の底から我々を限定するものとするならば、社会的・歴史的限定の主体と考えられるものは、（中略）絶対に相反するものの自己同一というものでなければならない。（そして、そこに於いてある）我々の人格的自己と考えられるものこそ、真の個物と言うことが出来る。単に働くと考えられるものが、真の個物ではない。真の個物は、行為するものでなければならぬ。行為するものは、人格的意義をもったものでなければならない。個物が一般であり、主語が述語である、という弁証法的論理が、主語面即述語面として絶対に相反するものの自己同一というものから考えられるとするならば、弁証法的論理というものは、社会的・歴史的存在としての我々の行為的自己の立場からのみ考えられるものであり、すべて客観的知識と考えられるものは、単に知的自己の立場から考えられるものでなく、行為的自己の立場から、考えられるものでなければならない。斯くして初めて、個物的なるものを限定する真の具体的一般者の限定、即ち、弁証法的一般者の限定というものの意味が明らかとなり、それが真に客観的論理であるということが出来る。

(17:16–18:15)

弁証法的一般者の自己限定として、創造的なる世界の自己限定として、そのノエマ的方向に、無限に自己自身を表現する表現の世界というものが考えられ、そのノエシス的方向に、人格的世界というものが考えられる。而して、一般的限定と個物的限定とは、何処までも対立する。知的自己の立場に於いては、いわゆる客観界と主観界とは何処までも対立すると考えざるを得ない。しかし、斯く弁証法的一般者の自己限定の立場に於いて、個物的限定と一般的限定とが何処までも対立すると考えなければならないとともに、弁証法的一般者の自己限定の過程と考えられるものは、単に個物的限定というべきものでもなければ、単に一般的限定というべきものでもない。それは、個物が個物自身を限定するという意味を有するとともに、一般が一般自身を限定するという意味を持ったものでなければならない。それは、一般的たるとともに個物的、個物的たるとともに一般的、という意味を持ったものでなければならない。我々の行為というものは、かかる意味を持ったものであるのである。

(30:8–31:2)

V　行為の世界

私の今やっている事の目的は、我々の実在界と考えているものは、どういうものであるか、それを論理的に基礎づけようとの企てである。実在界と考えられるものは、色々に考えられている。一番普通には、この世界は物質の世界と考えられる。自然科学者、物理学者は、それ（物質）よりすべてを説明せんとする。また、この世界は一つの方向に向かって進んでゆく一つの生きたものとすれば、これは生物界と考えられる（進化論）。合目的的とも考えられる。しかしまた、この世界は単に生物の世界としては考えられない。（この世界は）人間の世界である、社会的・歴史的の世界である。では、そういう世界は、根本的にどういうものであるのか。これらの問題を論理的に明らかにして見よう、というのである。

（175：4–10）

それでは何故、論理的に、と言うのか。

これ迄の哲学の考えは、或いは主観の上に立ってものを考えるとか、客観的の立場から考えるとかの、何れかの立場から考えていると思う。主観、客観をわかり易く言えば、心を中心として考える唯心論、物を主とする唯物論の立場、そういう風に主観、客観の対立を許しておいて、それからものを考えようとしていると思う。それでは、本当の主観、客観の根底からこの世界を考えることは出来ない。主観よりすれば、唯心論となって、本当の客観が考えられず、また客観よりすれば、主観に対立した客観を考える事になって、本当の主観、精神界を考える事は出来ない。今日のマルキシズムも昔の唯物論とはちがうが、それは客観主義をとるものであって、我々の精神界を取り入れる事は出来ない。(中略)私のとろうと思う論理的立場は、(中略)(単なる)主観客観の対立というようなものを超えた立場であって、しかも我々の心の世界をもその中に含み得るような立場である。

(175:11–176:4)

今までの多くの哲学の立場は、主観客観を(単純に)対立させ、これを統一しようとの立場である。これではいけない。主観客観の対立を超えた立場から、考えねばならない。論理的といっても普通の論理は、我々のものを考える形式であって、それは主観的である。だから論理というも、今までの論理では、そうした事(主観客観の対立を超えた立場)は考えられない。近頃私の考えている論理の立場とは、論理といっても、普通の論理ではない。今日論理というものは、我々のものを考える形式になっているが、本来は、やはり実在そのものの自分自身を表現する道であって、論理というものは、実在と離れられないものである。だから論理は真理の学であり、真理は実在から離れては考えられない。

（176：5–10）

註：論理とは、実在から離れられない真理の学なのである。西田にとって論理とは、思考の形式の学ではなく、実在の形式の学なのである。端的に言って、論理とは、思考の論理ではなく（ヘーゲルにおいてのように）存在の論理なのである。

我々の実在界というものは、どういうものであろうか。これ迄色々な哲学で考えられている実在界は色々あるが、然し要するに我々が外に見ている世界だ、ということが出来る。つまり自分というものは、その世界（実在界）の中にいるんじゃなくて、自分はそれを自分の外に見ているのである。つまりいえば、（それは）知識の対象界（であって）、例えば物理学者の考えているような世界（が、それ（知識の対象界）である）。（そして、物理学者が考えているような世界は）物質界（であって、それ）は我々に対立しているものである。われわれが外に見ているもの、（である）。まあ、物質から我々が出るというのも、（ただ）そう考える迄であって、それを考える私は、物質ではない。社会とか歴史とかいうものも、それを自分の外に見ている以上は、やっぱり知識の対象界である。（中略）そういう風に我々の外の世界として見ている世界は、本当の実在界ではない。そういう世界は、我々の自己というものによって、主観によって、構成された世界であるということが出来る。

（176:14–21）

本当の実在界は、我々が（その）中にいる世界でなくてはならぬ。自分を包んでいる世界でなくてはならぬ。自分がその中にいる世界とは、自分の知識の対象界ではなく、自分がその世界に生まれ、働き、死んでゆくもの、でなくてはならぬ。それが、本当の実在界と考える事の出来るものである。（では、）そういう世界は、論理的にどんなものであろうか。

（177:2–3）

註：「本当の実在界は、我々が（その）中にいる世界でなくてはならぬ。」そのような我々の在り方を、ハイデガーは「世界内存在」と言った。したがって、西田の言うことをハイデガー的に言えば、「個物は世界内存在」なのである。ところが、西田の言う「個物」は、ハイデガーの言う「現存在」なのではないか。そうであるとすれば、西田の言うことをハイデガー的に言えば、「現存在は世界内存在である」ということになる。そして、

これこそまさにハイデガーの中心思想なのである。ここで少しつけ足せば、ハイデガーは、「世界内存在者」と「世界内部的存在者」を峻別する（『存在と時間』第一六節、二〇六）。前者は、我、汝、彼、彼女といった人格的存在者であり、後者はそれ以外の物的な人格的ではない存在者である。そして実際、西田も、人格的存在者（個物）と人格的ではない存在者を峻別する。このことは、（後のⅦにおいても言われるように）西田の「個物は個物に対して個物である」ということの強調に現れている。

ここでもう少しつけ足せば、既に述べたように、西田はこう言っている：「個物とは、いかなるものであろうか。それは、自ら自己を限定すると共に、他によって限定されるものでなければならない」。これに対してハイデガーは、こう言っている：「現存在は、投企するという存在の仕方のうちへと被投されているのである」（『存在と時間』四一八、五七七）。投企即被投、被投即投企、なのである。そうであるとすれば、西田の言う「個物」は、まさしくハイデガーの言う「現存在」なのではないか。

プラトンは、一般的なもの（イデア）を実在と考え、これより特殊なものを考えた。一般が先にあり、それより特殊が考えられた。アリストテレスは、特殊的なもの（個物）から一般的なものを考えた。個物的なものは、一般的とは考えられぬものである。しかし実在にとっては、（何れが先という事はなく、）両方とも（不可欠に）必要なものである。

（180：10–12）

A、Bが個物であるためには、両者を包む一般的なもの（一般者）が無くてはならぬ。Aが個物であるためには、Bと対立せねばならぬ。（Bが個物であるためには、Aと対立せねばならぬ。）（両者が）対立するには、（両者を）対立せしむる一般的なもの（一般者）が無くてはならぬ。一般的限定（一般者の働き）には、個物的限定（個物の働き）が無くてはならず、個物的限定（個物の働き）には、一般的限定（一般者の働き）が無くてはならぬ。個物と個物というものが成り立つのは、何か一般的なもの（一般者M）の媒介によるのである。（何か一般的なもの（一般者M）が成り立つのは、個物と個物というものが成り立つからである。）

（180：13–16）

註：これは循環であるが、そこに実在が成り立つ秘儀があるのである。実在は、表から見れば個物的である。しかし、裏から見れば一般的なのである。真の実在は、その表裏全体が一体になったものであり、我々はそれを一挙に見渡すことは出来ない。そこで我々は、循環を承知の上で、言語的に語るより外、仕方がないのである。

何か媒介によってAはBに働くのである。個物によって一般者があると考えねばならぬと考えると共に、一般者によって個物があると考えねばならぬ。私（西田）の書物にいう「個物による一般的限定」、「一般による個物的限定」というのは、その意味である。場所とは、Mというようなものを意味している。個物と個物とがそれ（M）によって（内的に）関係し、それ（M）によって成り立っているものである。プラトンの一般というのは、私（西田）のいう場所の意味を持っているが、私ほどはっきりしていない。これは、わかり悪い所であるかも知れないが、ここがわかって貰わねば、私のいうことは解らぬ。大切な所である。

（180:23–181:6）

註：現代物理学の最先端に「場の理論〔field theory〕」というものがある。西田の言う「場所」は、場の理論で言う「場」と、ほぼ同じ性格を持っている、と思う。詳しくは、その方面の書物を参考にしていただきたい。かつて私は、『新・岩波講座哲学7　トポス・空間・時間』（一九八五）において、「物理的な「場」の概念の哲学的意味」という小論を書いたことがある。参考にしていただければ幸いである。

実在界というものは、個物的限定が一般的限定、一般的限定が個物的限定という意味で、つまり自己矛盾、矛盾の統一という様な意味に於いて、成り立っているものだ。（この事を表す）個物的限定即一般的限定という言葉がわかり悪ければ、わかり易く、時間的・空間的と考えてもよい。（個物的限定は時間的、一般的限定は空間的、と考えられるから、個物的限定即一般的限定は、時間的限定即空間的限定ということになる。即ち、実在界は時間的・空間的というわけである。）（中略）私（西田）の書物には、直線的限定、円環的限定という言葉を用いているが、同じ意味である。（即ち、実在界は直線的限定即円環的限定である、という訳である。）個物的限定は、もの（個物）が自分自身を限定して独立であり、（しかも）個物は一つでは成立せず、AはBに対するのであって、（これは）ただ二つのものが並んでいるというのではない。二つある事は三つ（めが）ある事は無数にある事であるが、それ（ら）は互いに相限定しているのである。今は、（簡単のために）その二つについて言うのである。AとBとの間には、Medium［媒介者］が入って来ねばならぬ。（この媒介者MによるAとBに対する限定が、）一般的限定である。この二つ（個物的限定と一般的限定）は離すことの出来ぬもので、離せば（両者ともに）なくなるのである。個物的限定と一般的限定とは、矛盾しているものであるが、そういうものから、実在界は成り立っている。縦においたものが時間的、直線的なものであり、横においたものが空間的、円環的である。そして円環的限定は（他なるものによる限定であって）一般的限定であり、直線的限定は（個物自身による）個物的限定である。時間的限定・空間的限定として我々の世界は成り立つ。我々の実在界を考えるには、そういうものとして考えねば、実在界というものは成り立たぬ。

(184:22–185:12)

註：時間・空間の問題は、後に「**Ⅸ 伝統主義に就いて**」と「**Ⅹ 現実の世界の論理構造(三)**」とで詳説される。

普通の人は、物質の世界から人間を考えるのであるが、これでは(物質の世界という)抽象的なものから人間を考える事になる。(我々がとるべき)基礎的の考え方は、これを逆にいえばよいのである。(我々にとって最も具体的なものは、我であり、汝であり、彼であり、彼女である。そして、我々であり、汝らであり、彼らである。要するに、その意味での個物である。そして、)個物が個物を限定するということは、(両者を包む一般者Mを通じて限定する事であり、したがってそれは、)個物が一般的になる事であり、一般的限定が個物的限定となるということである。(つまり、こうである。)

個物的限定(個物と個物との相互限定)＝一般的限定(一般者Mの自己限定)

個物的限定は、一つのものと一つのものが自己限定すると考えるのではなく、実は、個物と個物との相互限定で、それが同時に一般的限定（一般者Mの自己限定）という事になる。諸君が物理学的に物と物とが働く場合を考える時に、A、Bが電気（を帯びたもの）なら、相引き、或いは、反発するということになるのである。引く力、或いは反発する力は、A、Bの両方に共通な（電場なる）もの（によるの）である。ものが働くという事は、必ず対象物（と媒介者を必要とする）が、それは即ち、（そこにおいて、ものとその対象物という）両方の関係しているもの（媒介者即ち一般者）が自分自身を modify する［自己限定する］、という事である。

（186：9–17）

註：個物Aが個物Bを限定するには、両者を媒介する一般者Mによらなければならない。個物Bが、その反作用として個物Aを限定し返す場合にも、同様である。したがって、個物Aと個物Bの間に限定作用があるとすれば、それは、必然的に相互限定になるのであり、それを取り仕切るのが一般者Mなのである。したがって、個物同士の限定は、必然的に一般者Mの自己限定になるのである。この考え方は、湯川秀樹の中間子論の考え方とよく似ている。しかし、湯川が中間子論を発表したのは一九三五年であり、これは、西田がこの講演をした翌年であった。

Ⅵ　現実の世界の論理的構造（二）

註：この章と次の章は、西田哲学の形而上学の完成形を述べているものであって、最も重要な部分である。両者は岩波全書『哲学の根本問題・続編』の第一論文と第二論文であり、その巻頭には「序」がついている。以下は、その「序」からの引用で始まる。ただし、その序と第二論文は上田閑照編『西田幾多郎哲学論集Ⅱ』（岩波文庫）に収録されているので、引用箇所の頁はそれによる。

我々の個人的自己というものは、自己自身を限定する世界の個物的限定に即して考えられるものに過ぎない。（我々は、自己から世界を見るのではなく、第一次的に、世界から自己を見るのでなくてはならない。）

（37:8–9）

私は、しばしば実在界を個物の世界と云うといえども、単に無数の個物というものが先ずあって、その相互限定として世界というものが考えられる、というのではない、世界が個物の相互限定から成立する、というのではない。無論我々の実在界というものは、一面に何処までも、そのように（即ち、世界は個物の相互限定から成立している、と）考えられるものでなければならない。（しかし）現実の世界は、何処までも個物的なると共に一般的、一般的なると共に個物的（なの）である。一般的限定の方向に何処までも一般的なるものが考えられると共に、個物的限定の方向に何処までも個物的なるものが考えられねばならない。しかし、何処までも個物的なるもの、個人というものに対しては、また何処までも一般的なるもの、絶対に一般的なるものが考えられなければならない。しかしてそれは、すべての対象的一般者（語られ得る一般者）を超えたもの、無の一般者と考えられるものである。

（37:10–38:7）

現実の世界に於いてあるものは、一面に何処までも主観的であると共に、一面に何処までも客観的であり、一般的なると共に個物的、個物的なると共に一般的にして、自己自身の中に矛盾を含み、何処までも弁証法的に動いてゆく。かかる意味に於いて、現実の世界に於いてあるものはすべて、自己自身を限定する特殊者、と云うことが出来る。それは、何処までも個物的に自己自身を限定すると共に、何処までも一般的なるものから限定せられるものである。普通に特殊と言えば、唯一般の限定せられた物を考えるのであるが、私が現実にあるものを特殊者というのは、そういうものを意味するのではない。自己自身を限定する特殊者は、何処までも他と対立的意義を持ったものである。故に、一面には単に一般的なるものを否定する意味をも持っているという事が出来る。現実の世界は、かかる特殊者と特殊者との対立の世界である。

(39：4–12)

しからば、何故に（この現実の世界を）特殊者の世界と言わずして個物の世界と云うのか、と言われるであろう。しかし、自己自身を限定する特殊者という如きことは、従来の論理学に於いては、考えられないことである。（論理的には、「特殊」と言えば、それに対するのは「一般」であるから、）先ず一般を基として考えれば、特殊はその種属（限定された一種）というものに過ぎない、（これに対し、）個物を基として考えれば、（特殊は）その属性という如きものと考える外ない。ヘーゲルの論理といえども、真に自己自身を限定する特殊者というものは考えられない。自己自身を限定する特殊者（自由を有する特殊者）というものは、唯、個物的限定即一般的限定、一般的限定即個物的限定なる弁証法的（な）一般者に於いてあるものとして、その（具体的一例たる）外延的なるものとして、考えられるのである。（これが、特殊者が個物と言われる所以である。特殊者では、自由が確保されないからである。）しかして、かかる（弁証法的な）一般者は、個物を外に見るものでもなく、個物を否定するものでもなく、その根底に於いて、個物を外延とする（具体的一例とする）意義を持ったものでなければならない、外延的限定として（具体的一例として）個物を限定するという意義をもったものでなければならない。要するに、個物の世界というものは、弁証法的（な）一般者の自己限定の世界ということを意味するに外ならない。

（39：13–40：7）

註：以下が、「現実の世界の論理的構造」（二）の本文からの引用である。

（真の）現実の世界とは如何なるものであるか。（真の）現実の世界とは、単に我々に対して立つのみならず、我々がこれに於いて生まれ、これに於いて働き、これに於いて死にゆく世界でなければならない。従来、主知主義の立場を脱することのできなかった哲学は、いわゆる対象界という如きものを実在界と考えた。（しかし）それは我々の外に見る世界に過ぎなかった。これに対しては、我々は単に見るものに過ぎなかった。しかし真の現実の世界は、我々を包む世界でなければならない、我々がこれに於いて働く世界でなければならない。行動の世界でなければならない。かかる世界の論理的構造は如何なるものであろうか。

（1：3–9）

この世界は、これを客観主義の立場から見ることもできる。単なる科学の立場からこの世界を考える人や、また、多くの形而上学者もそれであった。これに反し、この世界は、これを主観主義の立場から見ることもできる。いわゆる理想主義（観念論）の人々がそれである。特に近代に於いて、カント哲学はかかる立場に立つものと言うことが出来る。しかし、単なる客観主義の立場から主観界を包むことは出来ない。また、単なる主観主義の立場からは、真の客観界を包むことは出来ない。主観と客観とを包む真の現実の世界を論ずるには、私は論理から出立せなければならないと思うのである。ただに客観界のみならず主観界といえども、それが論ぜられる以上、それは考えられるもの、でなければならない。論理というものは、普通考えられる様に、単に抽象的思惟の学であってはならない。真の論理は、具体的思惟の学でなければならない。真のディヤレクティケー（弁証法）は、実在が自己自身を説明する（語る）途でなければならない。かくして（弁証法は）真に真理の学という事が出来る。古来唯ヘーゲル（のみ）が、かかる点に着眼した。

（1：10–2：10）

現実に有るものは、自己自身を表現する（語る）と共に、（カクカクであって、シカジカではない、と）事実的に自己自身を限定するものでなければならない。一般的に自己自身を限定すると共に、個物的に自己自身を限定するものでなければならない。事実的に自己自身を限定する所に、作用とか個物とかいうものが考えられるのである。物質とか自己とか主客の対立とか云うものは、根本的なものではない。表現的なるものは、ロゴス的（言語的）ということが出来る、自己自身を表現するものは、自己自身を語るものである。而して、表現的なるもの（語られ得るもの）が、事実的に自己自身を限定するのが、判断である。一般的なるもの（述語）の個物（主語）化、個物的なるもの（主語）の一般（述語）化、そこに判断というものが考えられるのである。すべて事実的なるものは、命題として自己自身を表現するのである。真理とは、表現的一般者（語られ得る一般者）の自覚的内容と考えられる所以である。

（4：1–9）

近世科学において実在と考えられるものは、働くものである。ギリシャ哲学に於いては、時間的なるものは非実在的と考えられたのに反し、近世科学に於いては、時間的なるものが実在的と考えられた。しかし、単に時間的なるものが実在というのではない、単に時に於いて流れ去るものは、実在とは考えられない。物が働くというには、物と物とが相対立する、という事がなければならない。そこに、同列的関係がなければならない、空間的関係がなければならない。（また）働く物というのは、（働く物であるが故に）空間的・時間的でなければならない。（物と物との間に働く）物力というのは、（作用・反作用なるがゆえに）時間的・空間的でなければならない。そこには既に、直線的なると共に円環的（還帰的）、個物的なると共に一般的（媒介的）なるものが、考えられねばならない。しかし、かかるものが、如何にして考えられるであろうか。

(6:10–7:3)

物と物とが相対立すると考えられるには、物と物とが互いに独立なものでなければならない。独立な物と物とが相関係するというには、その間に媒介者というものが考えられねばならない。しかし、媒介者というものは、また、物と無関係なものと考えることは出来ない。（そもそも）関係というものが無ければ、（関係する）項というものは無い。しかし、（関係する）項というものが無ければ、関係というものも考えられない。両者（関係と項）は、もともと、不可分離的なものでなければならない。ここに於いて（個）物を、個物は何処までも個物自身を限定する、という個物の独立性（自立性）の方向に徹底すれば、（個物が他の個物に）働くという如きことは、棄てなければならない。しかるにこれ（個物が他の個物に働くという事）を、（媒介者たる）一般者の自己限定の立場に於いて、（個）物なるものを（一般者に）包摂（する事によって解決）しようというのが、近世科学の立場である。（アインシュタインの一般相対性理論：一九一五／一九一六における重力場の理論を考えれば、この事は理解できる。）

(7:3–11)

これに於いて、（幾何学的空間ではなく、力の場としての）物理的空間という如きものが考えられねばならなかった。それは、空間的にして時間的なる（個物を含んだ動きのある）世界である、（三次元の空間と一次元の時間よりなる）四次元の世界である。そこには既に、私のいわゆる場所的限定の意味があるのである、弁証法的（な）一般者の自己限定の意味があるのである。かくの如き立場から何処までも現実の世界を考えようというのが、近世科学の考え方である。近世科学は、こういう立場から、何処までも個物的なるものを考えた。（中略）しかし、近世科学の立場というものは、何処までも、一般的なるものが自己自身を限定することによって、個物を限定しようという立場である。現実の底に、一般法則を見ようとする立場である。（しかし）こういう立場から（では、独立性を有する）個物的なるものを考える事は出来ぬ。（中略）単に一般的なるものは、（単に）可能の世界たるに過ぎない。（現実の世界を理解するには、教科書にあるような抽象的一般者ではなく、具体的一般者たる弁証法的な一般者によらなければならないのである。）

（7：11–8：11）

現実の世界と考えられるものは、個物を包む意味をもったものでなければならぬ、時間的なるものを包括する意味をもったものでなければならぬ。そういう意味に於いてそれ（現実の世界）は、弁証法的（な）一般者の自己限定として、空間的・時間的でなければならない、物質的・生物的でなければならない。しかし、真の現実の世界は、単にそれだけのものではない。真の現実の世界は、我々がそれに於いて生まれ、それに於いて働き、それに於いて死にゆく世界でなければならない、社会的・歴史的世界でなければならない。物質界という如きものは言うまでもなく、生物界と考えられるものであっても、それはなお我々に対して（単に）立つ世界に過ぎない、知的自己の対象界に過ぎない、行為的自己の世界ではない、行為の場所ではない。主観に対立する客観は、真の客観ではない。それは、真の具体的世界ではない、何処までも抽象的たるを免れない。真の行為的自己の世界は、単に過去から未来に流れるのみならず、（むしろ）未来から過去に流れる意味を持っていなければならぬ。否、単にそれのみならず、現在が現在自身を限定する意味を持っていなければならぬ。そこに真の行動の場所というものが考えられるのである。生物の世界であっても、（世界は）未来から過去に向かう（未来が迫り来て、過去に過ぎ去る）という意味がなければならないであろう。そこには、何らかの意味において、（例えば、過去の失敗を教訓に、それを未来に生かす、といった形で、）過去と未来とが結び付き、世界全体として現在が現在自身を限定する、という意味がなければならないであろう。しかしそれは、唯思惟の公準（規範）たるに過ぎない。しかるに、我々の行動の世界と考えられるものに於いては、それは、単なる思惟の公準ではなくして、現実でなければならない。（過去を顧み、未来を望んで）現在が現在自身を限定する、という意味なくして、真の行動というものは考えられないのである。人間のみ、真の現在を持つのである。

（20:13–22:3）

註：人間にとっては、過去は過去として現在に在り、未来は未来として現在にある。その意味で、現在は、過去を過去として現在に含み、未来を未来として現在に含んでいる。したがって現在は、過去・現在・未来を、即ち、時間全体を、含んでいるのである。言い換えれば現在は、全時間を、即ち永遠を、含んでいるのである、歴史全体を含んでいるのである。その意味で現在は、永遠の今、なのである。そしてそれが真の現在なのである。人間のみが、真の現在を持つのである。そしてそれが可能なのは、人間が、過去形と未来形を有する言語を有するから、なのである。

我々の自己とは、如何なるものであるのか。如何にして、そういうものが考えられるのか。如何にして、それが有ると言い得るのか。我々はまず、自己を一つの個物と考える。無論、個物というものは、一般から限定せられると共に、一般を限定するものと考えられなければならぬのであるが、何処までも一般を限定するという意味に於いて、自己は真の個物と考えられるのである。物は他との関係に於いて（のみ）限定せられると考えることが出来るが、自己は何処までも（自ら）自己自身を限定する（自己限定）という意味を持ったものでなければならない。他より限定せられる（だけの）ものは、自己ではない。（中略）物は、無限の属性を持つと考えられ、自己は、無限に自己自身を限定すると考えられる。しかし、真の弁証法的（な）一般者の自己限定に於いては、個物的限定即一般的限定、一般的限定即個物的限定でなければならない。

(24:5–26:4)

註:「個物的限定即一般的限定」とは「個物の自己限定は即ち一般者の自己限定である」ということであり、「一般的限定即個物的限定」とは「一般者の自己限定は即ち個物の自己限定である」ということである。なお、「Aは即ちBである」とは、「AとBは、一つのもの(こと)の両面(表裏)である」と理解すればよい、と思う。後に現れる西田哲学のトレードマーク「絶対矛盾的自己同一」という言葉を用いれば、「AとBは、絶対矛盾的自己同一である」と理解すればよい、と思う。それは「AとBは、空間的に、あるいは時間的に、あるいは論理的に、絶対に両立しないけれども、しかし、別々の側面から、ある同一のもの(自己同一なるもの)を表している」ということである。

我々の自己というものは、個物的限定即一般的限定、一般的限定即個物的限定なる弁証法的(な)一般者の個物的限定として、有るものである。われわれの生物的生命とか、単に対象的に考えられる個物とか云うものでも、それが実在的と考えられる限り、そういう意味に於いての(即ち、弁証法的な一般者の)個物的限定の意義を持っているであろう。しかしそれらは、なお一般的限定に即して考えられて居るものである。ただ、我々の自己と考えられるもののみ、真に自己自身を限定する個物の意味を持っているのである。絶対に相反するものの自己同一として、弁証法的（な）一般者の自己限定というべきものは、我々の自己を限定するという意味を持ったものであり、かかる世界が真に具体的実在の世界、現実の世界と言うことが出来る。即ちそれは、行為の世界であり、社会的・歴史的世界である。かかる世界に於ける個物的限定として、我々の自己は、いつも瞬間から瞬間に移るという意味を持っている、非連続の連続の意味を持っている。無論、斯くいうも、瞬間というものが摑まれるとか、我々の自己が瞬間というものを通るというのではない。ただ、しか考えられるところに、我々の自己というものがある、というのである。かかる非連続の連続として我々の自己と考えられるものに対して、無限なる一般的限定として立つものは、単に物の世界というものではなくして、限定するものなき限定の世界、表現の世界と考えられるものでなければならない。かかる世界に於いて、個物的なる自己に対する物というものは、（中略）欲求の対象と考えられる。

（96:7–97:9）

Ⅶ　弁証法的一般者としての世界

我々に現実の世界と考えられるものは、（具体的な）個物の世界でなければならない。（一般法則によって理論的に考えられたような）一般的なるもの（の世界）は、単に可能的なるもの（可能世界）に過ぎない。（それは、紙上で観念的に考えられた世界に過ぎない、時間が完全に空間化され、対象化された世界である。）実在的なるものは（真に）時間的と考えられ、また働くものが実在的と考えるのも、働くものは時間的であるから、である。では、個物的なるものを限定する一般者とは、如何なるものでなければならないか。個物の世界とは如何なるものであるか。

（46：3–6）

個物は、一般者の限定として考えられる。一般的なるものに種差を加えて最後の種に到り、更にこれを超えて、極限点として個物という如きものを考えることが出来る。しかし、かかる考え方によって考えられた個物というものは、真の個物ではない。それは、何処までも一般者の一部分という意味を脱する事は出来ない。（真の）個物は（自由なる人格的存在であり、）自分自身を（自由に）限定するもの、でなければならない。而して、個物が自分自身を限定するという事は、逆に、個物が一般的なるものを限定するという事を、意味する。個物が（独自に）種々なる性質を持つとか、個物が（独自に）働くとかいうのは、個物が一般的なるものを限定することを意味するのである。真の個物というべき我々の自己では、（例えば、我々の周囲にある）対象的なるものを包む（独自に限定する）とすら考えられるのである。

（46:7–47:1）

個物は一般（者）の限定として考えられるとともに、逆に個物は一般（者）を限定すると考えられる。しかし、単にそれだけにて個物というものが考えられるのではない。個物は個物に対すると考えられねばならない。個物は唯、個物に対する事によって、個物と考えられるのである。唯一つの個物というものは、考えられない。互いに相独立するものが、互いに相関係するということが、物と物とが互いに相働くという事である。個物は働くものと考えられる所以である。而して、互いに独立的なるものが相関係するというには、その間に媒介者というものが考えられねばならない。では、個物と個物とを媒介する媒介者というのは、如何なるものでなければならぬであろうか。

（47:2–8）

$$\frac{(e_1、e_2、e_3、\cdots)M}{A}$$

(媒介者)Mは、如何なるものでなければならぬであろうか。媒介せられたものと媒介するものとは、全然無関係ということは出来ぬ。全然無関係ならば、媒介するということも出来ない。物と物とは、空間によって媒介せられる、と考える。物と物とは、空間を媒介(者)として相働く、と考えられる。しかし斯く考えられる時、物は空間的性質を持ったものでなければならぬ。物は延長を持ったもの(大きさを持ったもの)でなければならない。無形なるものが空間によって媒介せられると考える事は、出来ない。かかる考えを徹底すれば、(究極的には、)媒介せられるものは、媒介するものの様相(自己限定)というに到らなければならない。物理現象が(物理)空間の歪み(による)とも考えられる所以である。而して斯く考えれば、(個物は媒介者に実質的に吸収せられて、)個物というものはなくなる。しからば、如何にして個物が個物自身(の独立性)を維持しながら、しかも媒介せられると考える事が出来るのか。

(47:11–48:3)

媒介せられるものと、するものは、不可分離の関係を持っていなければならない。一体、自己自身を限定する一般者、いわゆる具体的一般者と考えられるものに於いても、既に、媒介するものと、せられるものとが一つである、という意味がなければならない。(「媒介するもの」と「せられるもの」は、絶対矛盾的自己同一なのである。)故に、(弁証法的な意味に於いて、)個物が一般者であるとか、主語が述語であるとか、考えられるのである。何らかの意味において物というものなくして、媒介というものが考えられないとともに、媒介ということなくして物というものも考えられない。何処までも独立に自己自身を限定する個物といえども、媒介なくしては、考えられないのである。(中略)個物は、何処までも一般的なるものから限定せられる、底の底まで一般的なるものから限定せられる、と考えられる。しかしそれは、一般的限定即個物的限定、個物的限定即一般的限定というように、自己自身を限定するのである。(個物は、決して一般者に吸収されて消えてしまう訳ではないのだ。)

(56:8–57:11)

註:ここで、さきの図(西田の原図とは少し違えてある)について、説明しておこう。e_1、e_2、e_3、…略してEは、個物の世界であり、人格の世界であり、自由の世界であり、歴史的現在の世界であり、永遠の今の世界である。これに対し、Aは、一般者の世界であり、非人格的な物の世界であり、必然の世界であり、歴史の無い現在の世界であり、瞬間的

今の世界である。かつて西田は『善の研究』の新版の序「版を新たにするに当たって」においてて、こう言っている。

「フェヒネルは或る朝ライプチヒのローゼンタールの腰掛に休らいながら、日麗らに花薫り鳥歌い蝶舞う春の牧場を眺め、色もなく音もなき自然科学的な夜の見方に反して、ありのままが真である昼の見方に耽ったと自ら言っている。私も何の影響によったかは知らないが、早くから実在は現実そのままのものでなければならない、いわゆる物質の世界という如きものは此から考えられたものに過ぎないという考えを持っていた。まだ高等学校の学生であった頃、金沢の街を歩きながら、夢みる如くかかる考えに耽ったことが今も思い出される。」

一口で言えば、まさに、Eは昼の世界であり、Aは夜の世界なのである。或いは、Eは日常の世界であり、Aは自然科学の世界である、と言ってもよい。或いは、Eは自由のある世界であり、Aは法則に支配されている必然の世界である、と言ってもよい。そして我々は、Eの世界に生活しながら、必要に応じて、そこにAの世界を重ねて見ることによって、Eの世界の未来を予測するのである。これが、自然科学の効用である。我々は、Eの世界に生活しながら、必要に応じて、そのEの世界をAの世界に転換するのである。すると、Aの世界を支配している自然科学の法則によってAの未来が予測され、そこから、Eの世界の未来が予測される、という訳である。Eの世界はAの世界に転換可能であり、そしてまた、もとのEの世界に戻ることが出来る。言うなれば、自由なるEの世界に、半透明な必然なるAの世界を重ね、そのAの世界を通してEの世界を透視するようなものである。現実には、日常的なEの世界だけがあるのではない、自然科学的なAの世界だけがあるのでもない。しかも両者は、論理的に両立不可能であるから、同時にあることは不可能なのである。にもかかわらず両者は、同時になくてはならない。さもないと、件の透視は不可能であるからである。ここで見えてくるのが、日常生活で見えるEの世界と、自然科学の研究で見えるAの世界をその二面——表裏——とする第三の世界である。それが、弁証法的一般者としての世界、略して、弁証法的一般者の世界である。そして、この世界こそが真実在の世界なのである。

すべて有るものは、行為するものである、ということが出来る。例えば、物理現象の如きものを行為するものと考えるのは、異様に感ぜられるでもあろうが、私の行為するものというのは、(中略)一般的限定即個物的限定、個物的限定即一般的限定というように、自己自身を限定するものを意味するのである。物理的世界という如きものも、いま述べた如き弁証法的限定の世界から個物的限定の意義を極小としたものに過ぎない、何処までも個物的限定の意義を除去して考えられたものである。(しからば、放射性元素の原子核には、いまだ個物的限定の意義が残っている、と言うべきか。)これに反し、自由なる自己の世界と言っても、何処までも一般的限定を離れたものではない。我々の個人的自己というものも、単に個人的自己として考えられるのではなく、社会的・歴史的に限定せられたものとして有る、と考えられるのである。我々が行為すると考える時、我々の行為というものは、単に内から発すると考えられるかも知らぬが、それは、何処までも個物的限定即一般的限定として考えられるものでなければならない。夢といえども、社会的・歴史的限定を離れたものではない。而して我々は我々を、行為的自己として有る、と考えるのである。単なるコギト・エルゴ・スム(我思う、故に、我あり)の自己は、抽象的自己たるを免れない。

(57:12-58:7)

多くの人々は、先ず相対立する内界と外界、主観界と客観界というものを考え、かかる両界の相互限定として、現実の世界というものを考える。しかしかかる対立的世界は、もともと独立に存在するのではなく、(中略)この現実の世界の両方向(両面)として、この現実の世界から考えられるものでなければならぬ。現実の世界というものは、(その一面において)個物と個物との相互限定の世界と考えられるものでなければならない、媒介者Mの自己限定の世界と考えられるものでなければならない。(しかし、個物と個物の相互限定の底には、個物は、何処までも個物的に自己自身を限定するとともに、何処までも一般的にAによって限定せられる、という事が無くてはならない。したがって、現実の世界というものは、他の一面に於いて、一般者Aの世界と考えられるものでなければならない。かくして、現実の世界というものは、論理的に両立出来ないものの自己同一として、）弁証法的一般者の（中略）世界と考えられるものでなければならない。これ（現実の世界）に於いてあるものは、何処までも個物的に自己自身を限定するとともに、何処までも一般的に（Aによって）限定せられると考えられるのである。

（58：12–59：3）

個物的なるものは、一般的なるものの自己限定として、考えられねばならぬ。しかし、個物は単に一般（的なるもの）の自己限定として考えられるのではなく、個物は自己自身を限定するもの（自己限定するもの）でなければならない。而して、個物が自己自身を限定するという事は、個物が一般として自己自身を限定する事でなければならない。（一般でなくして、自己自身を限定する事は不可能であるから、である。）故に、（具体的に世界に於いて展開される）具体的論理に於いては、（或る意味で）個物が一般である、主語が述語である、と考えられる。（個物と一般、主語と述語は、絶対矛盾的自己同一なのである。そして、ここに於ける自己同一なるものが、真実在なのである。したがってその）実在的なるものは、（単に一つのものではなく、弁証法的な）かかる論理的構造を持っていなければならない。かかる意味において、（絶対矛盾的自己同一という）弁証法的統一と考えられるものが、真に自己自身に同一なるもの、自己同一と考えられるもの、でなければならない。自己自身に同一なるものというものは、単に一つの物という如きものであってはならぬ、（アリストテレスが言った如く）単に主語となって述語とならないもの、というだけのもの、であってはならぬ。（中略）自己自身に同一なるものは、主語となって述語とならないとともに、自己自身について述語するものでなければならない。（個有名によって外延的に指示されるとともに、その内包は、記述によって与えられるものでなければならない。）述語的に自己自身を限定するものでなければならない。逆にそれ（自己自身に同一なるもの）は、述語が主語となるもの、述語的にして主語的に自己自身を限定するもの、でなければならない。それに於いては、一即多、多即一ということが出来る。真に自己自身に同一なるものは、（主語的には）一にして（述語的には）多なるもの、（そしてまた、逆に）（主語的には）多にして（述語的には）一なるもの、でなければならない。

(62:15–63:13)

註：「個物が一般として自己自身を限定する」とは如何なることであろうか。そもそも〈もの〉というものは、それについて記述される限りにおいて、その〈もの〉なのである。それについていかなる記述もない〈もの〉は、我々にとって、無いも同然なのである、否、端的にそれは無いのである。したがって、個物について、それが存在するためには、

それについての記述が無くてはならない。では、それはいかなる記述であろうか。それは、その個物の現在に到るまでの歴史でなくてはならない。この宇宙生成から始まって、今日のこの個物に到るまでの、壮大な歴史でなくてはならない。しかもその中には、未来への意志も含まれている。そして各人は、そのような壮大な歴史を背負って、今を生きているのである。今の瞬間から、次の瞬間へと踏み出しているのである。そうであるとすれば、「個物が一般として自己自身を限定する」というときの「一般」とは、各人が背負っているそのような壮大な歴史ではないであろうか。我々は皆、それぞれに固有な壮大な歴史の尖端にいるのである。そして、我々の行為は、その固有な歴史の自己限定に他ならないのである。

我々は、現実の世界の底を知ることは出来ない。しかし現実の世界は、それ自身の統一を持ったものでなければならない。何らの統一を持たないものは、一つの世界ということは出来ない。而して、すべての有るもの（個物）は、かかる世界に於いてあるのである。かかる世界の統一は、如何に考えられるものであろうか。それ（世界）は単に直線的に、（過去・現在・未来と）時間的に統一せられたものではない。世界は単に流れ去るものではない。（流れ去ったものは、今は過去にありながら現在を規制し、未来を規制するのである。迫りくる未来も、未だ来ていないにもかかわらず、より近い未来を規制し、現在を規制するのである。かくして時は、時を超えて、戻ったり先走ったりするのである。）然らばといって、それ（世界）は単に円環的に、（時間を超えて）空間的に統一せられたものでもない。世界は単に永遠不変なるものでもない。世界は各々の時代に於いて、それ自身の統一を持つ。それ（世界）は、一であるとともに多として、自己自身を限定し、それ（世界）は、多であるとともに一として、自己自身を限定する。即ち、自己同一的に自己自身を限定する。しかも各々の時代が、いつもそれ自身に於いて完成せられたものでなく、一定の発展に達するとともに、即ち、時が熟するとともに、自己自身の中から自己を否定し、次の時代に移ってゆく。斯くして無限に世界が世界自身を限定して行くと考えられるのである。世界が世界自身を限定すると考えられる世界の連続とは、上にいった如き意味に於いての自己同一的でなければならぬ、場所が場所自身を限定する場所的限定の意味に於いての連続でなければならぬ。（そして、すべての個物は、かかる歴史的世界の自己限定なのである。）

（65:10–66:7）

行為に於いては我々は、行為によって外に物を見るのである、而して、外に見られたものが、また、我々を動かすのである、我々の行為を限定するのである、主観が客観を限定し、客観が主観を限定するのである。（かくの如くにして）我々の行為は、形成作用でなければならない。かかる形成作用というものは、現実が現実自身を限定することから考えられる。（さて、）我々の行為は、常に、知覚の世界に即して考えられるのである。（働くものから見るものへ、というわけである。）我々の知覚の世界というのは、内部知覚的なるとともに外部知覚的にして、物を見るという意味を持っている（中略）が、真に具体的なる知覚の世界というものは、単にそれだけのもの（物を見るというだけのもの）でもない。それは、衝動的でなければならない。我々の内部知覚というものは、単に知的なる自己意識という如きものではなくして、既に衝動的でなければならない。したがって、物というものも単に知覚の対象という如きものではなくして、既に欲求の対象という意味を持っていなければならない。我々に知覚の世界、物の世界と考えられるものは、生物的生命の世界という意味を持ったもの、でなければならない。それに於いては、環境が個物を限定し、個物が環境を限定し、既に（そこには）形成作用の意義があるのである。単に知的に考えられる知覚の世界というものは、抽象的たるを免れない。かくの如き意味に於いての知覚の世界（形成作用の意義がある知覚の世界）と考えられるものは、Mの自己限定として、何処までも深まると考えることが出来る。その個物的限定の意義が深まるにしたがって、個物は何処までも個物自身を限定すると考えられ、我々の行為というものが考えられるのである。しかしこの世界が個物的限定の方向において深まるという事は、一面において、（環境のような）一般的限定の方向において広がる、ということを意味していなければならない。而してそれは、何処までも（絶対矛盾的）自己同一的に物を見るという意味を失わないのである。否、ますます深い意味に於いて物を見るのである、直観の意義が深まるのである。無限なる個物的限定と（無限なる）一般的限定との対立は、かえって世界が（絶対矛盾的）自己同一的に、直観的に、自己自身を限定するということから考えられるのでなければならない。

（97:11–98:14）

現実の世界が現実の世界自身を（自己）限定するという事は、（現実の世界は）弁証法的一般者の自己限定と考えられるものであり、弁証法的一般者の自己限定というのは、個物的限定（個物の自己限定）即一般的限定（一般者の自己限定）、一般的限定（一般者の自己限定）即個物的限定（個物の自己限定）として、個物が一般であるという事を意味する。

（102:7–9）

物というのは、いつも主観的・客観的なるものである、内部知覚的・外部知覚的なるものである。物がある、というのは、いつも主観的・客観的としてあるのである、個物的・一般的としてあるのである、歴史的にあるのである。先ず主観的世界と客観的世界とがあって、その合一として物があるのではない。物があるというと同時に、それは、一面に何処までも個物的であり、一面に何処までも一般的である。物は、弁証法的自己同一として、あるのである。普通には、唯知覚的なるもの（のみ）を物と考えるが、物の意味は、何処までも深めることが出来るであろう。知覚的なる物も弁証法的ではあるが、それはなお外部知覚に偏したものである。

絶対の個物的限定に即して考えられる我々人間の行為は、その根底において人格的意義を有せねばならぬといっても、それは、我々の行為が単に理性から起こる、という事を意味するのではない。外部知覚を離れて内部知覚というものは無い、一般的限定を離れて個物的限定というものは無い。絶対の個人的世界というものは、抽象的世界たるに過ぎない。我々の行為は、いつも現実の世界から考えられるのである、物の世界から考えられるのである、物を見るという意義を有するのである。行為は、物を見るということから起るのである。主観が客観を限定し客観が主観を限定する、物が我であり我が物であるという弁証法的自己同一の世界から、我々の行為というものが考えられるのである。自己自身を限定する現実の世界の自己限定の方向というものが、いつも我々の行為の目的となる。

（134：5–11）

科学者は一般に、世界は物質の世界から始まると考えるが、我々の歴史の世界というものは、単に物質の世界から始まるという事は出来ない。歴史の世界は、主観客観の相互限定から始まるのである、個物的限定即一般的限定、一般的限定即個物的限定として、現在が現在自身を限定することから、始まるのである。弁証法的一般者の自己同一的限定として、歴史の世界というものが考えられるのである。個物的限定が一般的限定に対立し、個物的なるものが、一般的なるものから限定せられるとともに、逆に、一般的なるものを限定する。斯く考えなければ、歴史というものは無い。故に歴史の世界は、創造的である。かかる歴史の世界において、その一般的限定の方向に、いつも無限なる一般的限定というものが考えられるであろう、いつも無限に個物を否定するものが考えられるであろう。かかる一般的限定は、個物的限定の方向が何処まで進んでも、無くなるのではない。個物的限定の方向に進むという事は、一般的限定がなくなるという事ではない。一般的なるものは、更に一般的となるのである。一般的限定の方からいえば、それが何処までも個物的なるものを限定すると考えられる。我々はいつも、物質の世界に於いてある、と考えられねばならない。しかも現在が現在自身を限定する、その一般的限定の方向に過去というものが考えられ、その個物的限定の方向に未来というものが考えられる。即ち、我々の世界が物質の世界から始まる、と考えられる所以である。しかし今日我々が物質の世界と考えるものは、今日の科学に於いて考えられる物質の世界である。今日の現在に於いて考えられる一般的限定の世界である。私が、自然は歴史に於いてある、という所以である。

(156:8–157:9)

註：今述べたように、「歴史の世界は、主観客観の相互限定から始まるのである、個物的限定即一般的限定、一般的限定即個物的限定として、現在が現在自身を限定することから、

始まるのである」とあるが、ここに西田哲学の行為論の核心がある。これに対し、ハイデガーの『存在と時間』には、「被投的な投企」という言葉がある。これは、こういうことである。少し長くなるが、熊野純彦訳で、たどってみよう。

現存在は（中略）、その〈何処から〉と〈何処へ〉において蔽われているのに応じて、現存在自身に即しては、蔽われることなく開示された存在性格を有している。この存在性格、つまり「現存在が在ること」を、自分の〈現〉のうちへと現存在という存在者が投げだされている事（被投）と名づけよう。現存在はしかも、世界内存在として〈現〉であるという仕方で、投げだされている（被投）のだ。（三八〇）

投げだされた（被投された）ものとして現存在は、投企するという存在の仕方のうちへと投げだされている。投企する（という）事は、現存在が或る計画を考えだして、それに沿って自分の存在を裁ちあわせ、その計画に自ら関係してゆく事とは、何のかかわりもない。現存在として現存在はむしろそのつどすでに自分を投企してしまっており、現存在が存在する限り、（現存在は自らを）投企する事で存在している（のである）。（四〇九）

現存在は、投企するという存在の仕方のうちへと被投されているのである。このことをハイデガーは「被投的な投企」と言う（四一八、五七七など）。ここで大切なことは、「被投的な投企」ということは、現存在は、先ず被投されて、しかる後に投企する、ということではない、ということである。ここにおいては、被投と投企は一体なのである。被投は同時に投企であり、投企は同時に被投なのである。被投と投企はコインの両面であり、西田哲学的に言えば、「矛盾的自己同一」なのである。もしもそうであるとすれば、西田の行為論とハイデガーの行為論とは、根底に於いて通底していることになる。そして更に言えば、その先には、「私は当にそのように行為する So handle ich eben」（『哲学探究』二一七）というウィトゲンシュタインの行為論と、「暗黒の中における跳躍 leap in the dark」（『ウィトゲンシュタインのパラドックス』黒崎宏訳、産業図書、一九八三：一八、二七、一〇八頁）というクリプキの行為論が見えてくる。これらについては、拙著『科学の誘惑に抗して――ウィトゲンシュタイン的アプローチ――』（勁草書房、一九八七）所収の小論「クリプキの『探究』解釈とウィトゲンシュタインの世界」を参照していただきたい。私が敢えてそう言うのは、西田の「個物的限定」とハイデガーの「投企」、更には、ウィトゲンシュタインの「私は当にそのように行為する」の「行為」とクリプキの、暗黒の中における「跳躍」には、共通の論理が宿っているように思われるからである。その論理とは、こうである：「もし私が正当化をし尽くしてしまえば、そのとき私は、堅い岩盤に到達したのである。そしてそのとき、私の鋤は反り返っている。そのとき私は、こう言いたい：『私は当にそのように行為するのである。』（ウィトゲンシュタイン『哲学探究』二一七）そうであるとすれば西田幾多郎は、禅の精神を体得していたのみならず、西洋哲学の流れのど真ん中にもいたことになる。西田幾多郎おそるべし。

Ⅷ　私の哲学の立場と方法

古代の哲学は「客観の方から」考えた。近世の哲学は「主観の方から」考える。自分の立場は、主客を包括 comprehend した立場である。（中略）ヘーゲルの論理は、形式的ではない。主観または客観より出発しないで、一つの Logik［論理］より出ている。自分の立場も、またしかり。

（133：5–10）

註：歴史上の哲学者で、西田が最もよく好意的に引用するのが、ヘーゲルである。ヘーゲルの「絶対精神」に相当するのが、西田における「弁証法的一般者」である。ごく粗く言って、ヘーゲルの観念弁証法は、マルクスの唯物弁証法に批判的に受け継がれ、西田によって総合的に――弁証法的に――完成されたと言えるのではないか。それは「絶対弁証法」と言われる。ヘーゲルとマルクスの弁証法が過程的弁証法であるのに対し、西田のそれは「構造的弁証法」であると言えよう。

自分がそのような立場をとる理由は、——自分（主観）だけから出発しては、主客の相互関係は説けない。（客観的）知識は主観に対する対象の知識である（に過ぎない）。心理学は自分を対象化する。（それでは生きた本当の自分はわからない。）世界は自分に向かって立ったものではない。実在は、自分がその中にあるもの、自分はその中の一部である（もの、でなければならない）。（中略）自己は実在の一部である——という思惟形式 Denkformen が、自分の立場である。

（133：11–14）

註：ハイデガー的に言えば、我は世界内存在である。

ヘーゲルに於いては、自己は個物である。（「主語となって述語とならぬもの」という）アリストテレスの個物は、良い考えだ。ライプニッツは、アリストテレスに基き、それより出ている。アリストテレスは一つの個物を考え、ライプニッツは個物の相関を考えた。（だから「予定調和」なるものを考えざるを得なかった。）ヘーゲルは個物を弁証法的に考えた。彼の論理学にては、個物 Einzelne は即ち普遍 Allgemeine である。世界を含みうる真の個物は自己である。自由な人格である。自分は、ヘーゲルの論理をそのままには取らない。ヘーゲルは真に個物を考えるに至っていない。（ヘーゲルの）Idealism は、真に客観的なるものを入れていない。ヘーゲルでは、絶対的精神即ち普遍的なるものが根基にあり、この世界は、（その）絶対的精神の発展であり、（したがって）これより限定された個我には自由意志は無い。

（133:17–134:4）

（では、真の）個物とは何か。自分もこれを論理的に究明したいと思う。世界を考える時も、真のreal world［真の世界］を考えねばならぬ。真の世界は、働く世界である。働く、wirkenするには対立しなければならぬ。一つのものが働くという事はない。単に一つのものの変化は、働くのではない。互いに働くことは、独立のものの関係interactionでなければならぬ。（単に）AがBになるのは、働くのではない。（中略）個物が働くには対立を要し、ここには対立の場所を要する。

（134:7–14）

真の自己は、一般者であるとともに、個物である。個物と一般者とは、相互限定の関係である。ヘーゲルが、主語（個物）は述語（一般者）である、というのは、これである。この相互限定が、無限の弁証法的運動であり、ヘーゲルのいう無限の過程Prozeßである。しかし、（この相互限定を）過程と考えるのは、真に個物を考えるものではない。（それでは）個物が（単なる）契機Momentとなって、独立性がなくなる（からである）。これは、ヘーゲルが普遍から考えているからで、個物は、過程より離れるところがなければならぬ。自由意志は、ヘーゲルにはない。絶対精神が根底になっているからだ。

個物（に自由意志を確保するために、それ）を独立にして、（しかも）普遍と離れないものとするとき、それはどういう普遍であろうか。今までは、他人の考えであったが、――これに対する自分の考えは――

個物をｅとし、普遍をＡとし、Ｍは媒介者（とする）。個物は個物に対して考えられる。一応は、独立のものと考える。

（135:7–22）

$$\frac{(+e_1、+e_2、+e_3、\cdots)M}{-A}$$

個物は独立と考えるとともに、個物は個物と対立する。一つだけの個物というものはない。

（中略）e_1とe_2とは、断絶であるとともに連続である。しかしこれは矛盾である。個物は、何か媒介者（M）が無ければならぬ。（中略）一般者は普遍の、自己は個物の典型である。私一人のみであるとき、私は消える。ego は、non-ego に関係するとき、私は有る。私に対する何か外界がなければならぬ。外界とは、ただ手段となる物質界だけではない。

（135：7–22）

註：媒介者Mは、個物e_1、e_2、e_3…がおいてある場所である。即ち、こうである。個物e_1、e_2、e_3は、媒介者Mという場所においてあり、そしてその集団は、一般者Aという必然の世界にあるのである。ここで大切なことは、個物と媒介者の関係は内的であるのに対し、個物と一般者との関係は外的である、ということである。そしてその全体が、弁証法的一般者なのである、と思う。e_1、e_2、e_3に＋がついていて、Aに－がついているのは、前者は自由な世界であって、表（昼）の世界であるのに対し、後者は必然の世界であって、裏（夜）の世界であることを示しているのではないか。そうであるとすれば、この図は、現実は自由即必然であり、必然即自由である、ということを示していることになる。なおこの図は、西田の原図とは少し違えてある。

IX　伝統主義に就いて

註：この章の文章は、元来は、イギリスの詩人で劇作家で文芸批評家でもあったT・S・エリオット（一八八八–一九六五）を理解するために、西田が行った講演であったが、今は、その点には触れない。しかし、完成期の西田哲学を理解する上では重要であると思うので、ここに取り上げる。ただし、そのままでは理解しにくいと思われるので、少し崩して紹介することにする。

この世界は、時間空間の世界であります。我々の住んでいる（この）世界は、空間的であると共に（その中にある物が）動く世界として、時間的でもあります。例えばここにコップがありますが、それは（空間の中にあり、大きさを持っているという意味で）空間的でありますが、また時間的でもある。（一切は生々流転、）時間的に生じて、時間的に滅んでゆくのであります。（もっと短時間に考えても、例えば、このコップの中に入っている水は、時々刻々少しずつ蒸発して、減ってゆく。）かかる（変わりゆく）世界の構造をどこまでも深く考えて行けば、如何になるか。空間の方は、一般に考えている考えで（一応は）支障なしとしても、時間の構造については、普通の考え方では不十分であります。この現実界を明らかにしようとするなら、あくまでも深く時間の構造を考え貫かなければならない。その根本的な時間の考えから、色々な実在界の意味が解明されるのであります。それなら、時間とは如何なるものであるか。

（42:12–17）

Tは Time（時間）を示し、Sは Space［空間］を示すとすれば、そのTとSの関係は次の様になります。即ち時間（の流れ）は、普通には過去無限から未来無限にわたる（諸事象を含む無限に広い三次元空間が描く無限に太い）直線（即ち、歴史）と考えられ、（したがって）空間は、それ（その三次元空間が描く無限に太い直線）を横に（直角に）切る横断面と考えられる。（中略）しかし時間（の流れ、歴史）は、（そのような）単に一本の連続した（太い）直線かと言えば、そうではない。時間（の流れ、歴史）は、step by step に動くのであります。その（今、今、今… と続く）一歩一歩に e_1、e_2、e_3、…という符号を与えましょう。eとは Einzelnes［個物］の意味であって、（今、今、今と続く）一歩一歩がそれぞれに個物的である事を示すのであります。ところでこの

step by step に動く（今、今、今の）時間（の流れ、即ち歴史）に対し、空間をAで表します。Aとは Allgemeines 即ち普遍（或いは一般）を示すものであります。（空間とは、ただ単に空っぽな場所ではなく、その実質は、すべての事象を普遍的に歴史として内に包むもの、であるからです。）そうすると、これに対し、時間というものは、（今、今、今と）e_1、e_2、e_3、…の系列に於いて動く（もの）、一歩一歩が切れて動く（も）の、の全体ということになります。もっとも、我々は瞬間そのものをつかむ事は出来ない。しかし瞬間は step by step に切れてゆく。e は、互いに discrete［離散的］と考えられるのであります。その事は、その一々が生まれまた滅する、という事なのであります。必ずしも、瞬間的なものを考えなくとも、時間的なものは一般に、生まれては消えるのであります。その一々が独立の意味を有している、それだけで生まれてそれだけで死ぬ。単に（中略）一回的のものである。時間とは、かかる独立なものが続いてゆく事である。しかし、独立なものが続くとはどういう事であるか。あくまで互いに独立なものであるならば、互いに連続し得ないのではなかろうか。かく考えてくれば、時間は単に直線的なものとして連続してゆくのではないのであります。互いに独立した e_1、e_2、e_3、…が（今、今、今、…として）続くのは、それが単に直線的に続くのではなくして、円環的（回帰的）に纏まるからである。普通に考える様に、単に直線的のみのものであるならば、時間的にはならない。e_1 と e_2 とが結びつくためには、（両者の間には）空間的な関係が考えられなければならない。普通に時間は series と考えられるが、時間が纏まるという以上、そこには円環的 circular な意味があるのであります。縦の関係だけではなくして、横の関係（空間的関係）がある。時間というものをどこまでも深く考えて行けば、その根底には、普通の意味とは異なるかも知れないが、空間的な意味があるのであります。しからば、その空間（的な意味）とは如何なるものであるか。

（42:18-43:17）

空間は時間の横断面であるのですが、この一般者（普遍）として、Aで表される空間というものが、時間を結び付けるものなのであります。まことに昨日の事は昨日の事として、今日は既にもはやない。しかしそれは、残っている、過ぎ去ったものとして、なお（過去形で現在の歴史に）残っているのであります。また未来というものは、未だ無い。しかし、未来の事として、現在に現れているのであります。この様に、（過去の事象は、過ぎ去りながら、過去の事象として現在に戻って来ている。未来の事象は、今からの未来に在りながら、未来の事象として既に現在に届いている。この様にして、過去の事象と未来の事象は歴史の現在に於いて結び付いているのである。過去も未来も、円環的（回帰的）に現在に集まっているのである。要するに現在は、過去・現在・未来の集積点なのである。その意味で現在は、「絶対現在」或いは「永遠の今」或いは「歴史的現在」と言われる。）（中略）個々の時間を示す（今、今、今の）e_1、e_2、e_3、…に対し、その時間の全体をEで示します。そうすると、個々の時間を一つの時間にまで纏めたものEは、却って（中略）空間の全体、即ちAであったのです。かくして時間の全体Eは、即ち（空間の全体）Aである、という事になり、A

≡Eの方式が成立するのであります。（この方式の≡を、Mと名付けます。）これは、現実の世界は、A≡Eという根本形式によって成立している事を示すのであります。現実の世界は、単に時間的でも単に空間的でもなく、時間即空間として、その根底においてA≡Eなのであります。これが、現実の世界の fundamental form なのでありますが、ではそれから如何にして現実の世界が考えられるのでありましょうか。

（43：18–44：14）

現実の世界はA≡Eであり、時間即空間であり、時間空間の identity［同一］であります。もっとも、ここに私が言う同一とは、単に等しいものが互いに等しい、という意味での同一ではない。そういう事は単なる tautology［同語反復］に過ぎない。真の同一とは、今時間と空間について語った如く、絶対に異なるものの同一である。時間と空間は、あくまでも矛盾したものであり、互いに一つにはなれない。しかしその矛盾したものの統一が、真の identity なのであります。そしてかかる同一（矛盾的自己同一）が見られる限り、一つの世界が成立しているのであります。例えばこの部屋は、単に空間的でもなく単に時間的でもなく、時間空間の（自己）同一として、一つの世界を成している。この様に、互いに結びつかぬものが結合しているところに世界が有るのでありまして、世界は矛盾の統一であるという事が出来ましょう。さてこの世界は、自らの内に無数の物［thing］を含んでいる。かかる thing をmで表すならば、（即の世界）Mの内には無数のmが有るのであります。しかるにMは時間空間の統一として、矛盾の統一でありますから、その内にある個々のmは、それぞれに矛盾の統一であります。つまり、一つの世界がある限り、その内に一つの定まった物、限定された物が見られるのであり、限定された物が見られる限り、それを含む世界が成立しているのであります。時間的空間的である物の成立は、纏まった一つの世界と相伴っている。したがって我々が物を perceive［知覚］するという事は、同時に一つの世界の成立である。これを要するに、時間空間が一つの世界を形成する。TとSとが一つのM（即）となる。しかもかかる世界がある限り、無数の物が perceive されているのである。つまり私は、時間、空間、世界、物という四つの概念を、一つに摑んで理解して頂きたいのであります。（時間、空間、世界、物という四つの概念は、絶対矛盾的自己同一的に、一つの宇宙を表現しているのである。）

（44:15–45:5）

註：ここのMは、媒介者ではなく、弁証法的一般者である。念のため。

では次に、我々が主観とか客観とか言っているものは、かかる立場から如何に考えるべきでありましょうか。我々の自己は時間的である。我々の人格は直線的であり、時間的である。我々は若くはなれない、私は昔には帰れないのであります。そこに私の人格がある。人格は時間的である。しかし、単に時間的かと言えば、個々のeを大きなEにまで結合するためには、その根底には何か空間的なものがなければならない。しかし、そのEだけを取り出した時に、それが主観界［subjective world］と呼ばれるのであります。EはMの一面として、E≡Aとして有るのであります。それ故単なる主観界だけが有るのではない。主観界には、必ずそれに対する空間的世界が有る。それが客観界［objective world］なのであります。内界はEであり、外界はAである。しかし、内界と外界とは二つの世界が別々に有るのではない。二つの世界は、互いに結び付いているのである。もし結び付かねば、二つの世界は共に失われる。もし私が働くという事がないならば、即ち私が外界と関係するという事がなければ、私は無い。もしかかる私がなお在りとしても、その私は、夢のようなものに過ぎない。Real selfは、行為に於いて外界と交渉する処に存するのでありります。また逆に物の世界は、行為に於いて我に触れる処に成立する。かくして現実の世界は、空間的時間的であり、主観的客観的であります。およそ存在するものは、すべてかかる世界に於いてあるものとして、主観界に属すると共に客観界に属するのであります。主観界に関係せぬ客観界は無に過ぎない。かくて何らかの物がperceiveされるという時、主観と客観の（自己）identity（同一）が見られ、ここに一つの世界が成立するのであります。逆に言えば、一つの定まった世界が成立する事は、perceptionが成立する事なのであります。

（45：6–20）

世界は、主観客観の統一であります。しかしその意味は、従来の哲学で考えられてきた様に、何か主観界、客観界というものが別々にあって、それが対立しつつ結合しているという意味ではない。真に主観と客観の対立する世界は、深く考えると、どういうものでありましょうか。客観は単に物とか自然であり、主観は単に心でありましょうか。そう考える処に、従来の哲学の足りない点があるのであるが、普通には、世界というものを主観と客観の相交わるものの様に考えている。心半分、物半分と考えている。しかし、時間と空間は全く別のものである。主観と客観は全く結合しないものであります。心半分、物半分という様なものではなくて、心と物、時間と空間は、絶対に相反する、したがってその結合は、絶対に反するものの絶対に結びつかぬものの結合でなくてはならない。そこに表現というものが考えられるのであります。表現とは、絶対に結びつかぬものの結合、なのであります。それは、非連続の連続（continuity of discontinuity）という事も出来ましょう。表現とは、絶対に結びつかぬ私と汝とを結合させるもの、であります。もともと、如何にして私と汝は結合するか。もし私の身体も汝の身体も物質に過ぎないとすれば、その時は、私と汝はいかにも結合するであろうけれど、（人格である）私も汝も単なる物質となって消えてしまう。またあくまでも互いに独自の個物と考えれば、私と汝は、結びつき様がない。私の心と汝の心が直接に結合するとすれば、私は汝となり、汝は私となって、共に消えてしまう。そういう訳で、物と物との結合はあっても、人と人との結合はない。その、結合しない私と汝を結合させているものが表現なのであります。絶対に結合しないものの関係が表現的関係なのでありますます。主観客観の世界に於いて、あくまでも主観が客観に対するという時、両者の関係は表現的となる。その関係は、単なる主観客観ではなくして、むしろ私と汝の関係となる、continuity of discontinuity なのであります。それで、実際の世界は我と汝の世界である。我に対する世界は、物ではなくして、むしろ汝である。我々が世界に対して行為せんとする時に、その世界は汝の意味を有してくるのであります。

(45:21–46:14)

註：表現とは言語行為ないしは言語的に意味のある振る舞いである、と考えればよいと思う。我は我を、言語行為によって、ないしは言語的に意味のある振る舞いによって表現し、汝は汝を、同様に言語行為によって、ないしは言語的に意味のある振る舞いによって表現する。そしてそこに、それぞれの表現がぶつかって、一つの意志疎通の場所が成立し、意志が疎通する。

X　現実の世界の論理的構造（三）

私の今日の考えと『善の研究』の頃の考えとは、ちょっと見ると、違うように思うかも知れない。あれは、純粋経験の立場から考えようとしたものである。純粋経験（の立場）は、主観でもなく客観でもない、主観客観の区別の無い立場からこの世界を考える事であった。純粋経験（の立場）は、学問上の考えとしては、不完全であったように思う。今日では純粋経験の立場を、論理的に考えようとしているのである。ちょっと見た所では、『善の研究』の考えと今の考えとは違うようだが、私の企てていることは同一の精神、同一の行き方であると考えてよい。そうゆう訳であるから、決して現実の経験を無視して抽象的な論理の概念からものを考えようとするのではなく、現実からものを考えようと思っているのである。ただ、現実と言うのではなく、現実の論理的構造がどうなっているか、という事を明らかにしなくてはならない。それを考えなければ、主観客観を考えるわけにはゆかない。この現実の世界の論理的構造がどうなっているかを明らかにする事が、現在の私の問題になっている。

（266:16–267:1）

註：従来の多くの考え方は、先ずAがありBがあって、それらが集まってCになる、というものであった。「原子論」の考え方がそれである。これに対し純粋経験の考え方は、先ずCがあって、それが後にAとBに分かれる、というものである。「全体論」の考え方がそれである。この考え方の要点は、全体が論理的に先立つ、ということである。そしてこの考え方は、西田哲学の完成形においても、引き継がれている。そこにおいては、AとBは、絶対的に矛盾しているが、しかしそれらは、それぞれCなる一つのものの一側面である、というのである。Cがあるからこそ、AもBも有り得るのである。そして西田は、この事態を表すのに、「AとBは、絶対矛盾的自己同一である」と言うのである。かく言うことによって西田は、Cを表すのである。Cは、そう言う以外に、表現手段がないのである。いずれにせよ、全体論的な考え方は、彼の生涯を貫いていると言えよう。ここで少し先回りして言えば、ここで言うAは主観の世界、Bは客観の世界、そしてCは現実の世界、西田の言う「弁証法的一般者の世界」である。

それでは、この現実の世界というものを考えるのに、どんなところを手掛かりにするか。（中略）それは、現実の世界というものは時間的空間的な世界であることを、知る事である。（中略）時間空間が現実の世界の形式である事は、容易に認められると思うから、ここから話を始めよう。

この世界が時間空間界であることは、どういうことか。世界は空間的である。我々は、空間の無い世界は考えられない。何かの出来事は空間に於いて有る、空間的である。しかし、単に空間的であるにとどまる世界ならば、まるで絵に描いたような世界で動かない。しかしこの（現実の）世界は、動く世界である。（では、）動くとは、どういう事であるか。時間的に動く事である。私がここにいるという事は、空間的な世界にいる事であるが、この世界は、刻々動いてゆくものである。動くという事は、時間的という事である。即ち、空間的にあるものは、時間的に動いてゆくのである。そして時間的空間的に動く事は、物が働く事である。物が働くというのは、必ず時間空間の関係において働くのである。ただ時間的のみでは、ただずうっと向こうにいってしまうだけであって、物が働く事は考えられない。また、ただ空間的のみであっては、物が働くという事は無い。だからこの世界は、時間的であると共に、空間的でなければならない。つまり、（この世界は）時間空間の世界である。（中略）（では、）時間空間の世界、（その中で）物が互いに働く世界とは一体どういうものであるか、という事を考えて行こう。この世界は時間的空間的であり、物がその中で時間空間的に働くという事は、誰も考える事であるが、しかしそれは、どういう意味を持つことであろうか。

時間とは何か。普通には時間は、過去から未来へ直線的に流れてゆくもの、と考えられている。

だから我々は、一瞬の過去にも帰れない。（中略）ところが空間は、何処までも平面的なもので、動かない。空間は、時の直線的なるに対して、どこまでも広がりを持った平面的なものである。それを私は円環的と考え、時間空間の結合を直線的円環（的）と言っている。つまりそれは、時間的空間的ということと同じ意味を持っている。

（267:9-268:6）

註：自己を中心として一つの円を描く。そしてその円を大きくしていく。こうして描かれた無限大の円が、空間のイメージである、と思う。だから「円環的」という言葉が出てくるのであろうか。もう一つ、空間では、或る一点から出発して、一回りして帰ってくることが出来る。これは空間の基本的な特質である。その意味でも、空間は「円環的」と言えなくはない。

（ところで）時間と空間とは全く違ったものである。（中略）時間と空間とは絶対に相反するものである。（中略）結び付きようのないものである。（中略）しかるに現実の世界は、そういう風な時間と空間の結び付いた世界である。私は「絶対に相反するものの自己同一」ということを書いているが、それは、こういう意味である。「全く矛盾した時間と空間が結び付くところに、現実の世界が考えられる。現実の世界は、時間空間の矛盾したものの結び付いたものである。絶対に相反するものの（自己）同一なるところ、それが現実の世界である。」

（268：7–20）

註：現実の世界は、とにもかくにも、時間的にして空間的である。時間なしに空間は考えられないし、空間なしに時間は考えられない。他方、現実の世界は、個物の世界である。そして、時間が無くても空間が無くても、個物の働きというものは、考えられない。ここで、個物というものについて考えよう（Ⅶの図を参照）。

個物は互いに独立であるが、独立なものが相関係するのである。（中略）eを個物と考える。個物はいくつも考えられる。（そこには）これらを結び付けるものがなくてはならぬ。（そこで考えられる一つのものが）A（一般）である。（これはアリストテレスの考えで、）アリストテレスは、A（一般）の一部分としてeを考えたのである。eは個物、Aは一般である。（したがって、Aには、多くの個物が含まれている。そして多くの個物は、一つの一般Aに含まれているという事によって、相関係するのである。）

（274：10–12）

註：ところが、個物同士を結び付ける仕方には、もう一つのものがある。それは、個物同士が自分自身の内から結び付く、という仕方である。いわば、前者は外的な結び付きであり、後者は内的な結び付きである。前者が外的な結び付きと言われるのは、個物eは、一般Aから見れば内的ではあるが、一般Aは、個物eから見れば外的であるからである。個物の基本的特質は、独立性であり、自由なのである。ここで、内的な結び付きについて、私見を述べておこう。おそらく西田の考えと基本的には異ならない、と願う。私は日本語を母国語として、日本文化の中で育ってきた。したがって私は、今日、日本文化の体現者の一人として、生活している。いわば私は、日本文化という場所において生きているのである。そして汝も、同様であろう。もちろん、私がおいてある場所としての日本文化と、汝がおいてある場所としての日本文化は、色々な点において異なっているであろう。しかし大筋においては、共通しているはずである。言わば我々は、日本文化という大海の波頭なのである。そして我々の言語行為や言語的に意味のある振る舞いは、日本文化の表現なのである。路上で交わされる何気ない挨拶も、そうなのである。したがって、我と汝が相対する時、日本文化という我がおいてある場所と、幾らか異なる同じく日本文化という汝がおいてある場所とが重なりあって、そこに新たに一つの場所——交わりの場所——が生じる。これが、個物と個物を媒介する媒介者としてのMであろう。多くの個物は、このような媒介者によって相関係するが、そのような仕方で関係

しあっている個物の全体は、Aという一般の世界にあるのである。個物の全体は主観的世界であるが、Aという一般の世界は、客観的世界である。そして、主観的世界は自由のある世界であるが、客観的世界は必然の世界である。しかし、矛盾しあうこの二つの世界こそが、真に唯一実在たる現実の世界の両面なのである。この主張こそ、西田哲学が到達した完成期の形而上学（存在論）である。ここにおいて、そのように、矛盾しあう二つの世界を自己の両面とする真実在の世界を、「弁証法的一般者の世界」と言う。西田のその後の言葉を用いれば、真実在の世界は、個物の世界と一般の世界の絶対矛盾的自己同一である、と言えよう。ここにおいて、言わば一般Aは、個物たちが関係しあう場所ではなく、土俵なのである、舞台なのである。

さてそうであるとすれば、「西田哲学」においては、いわゆる独我論（ソリプシズム）の成り立つ余地は存在しない。我々は皆、Mという強大な共通の内的地盤（場所）においてあるのであるから、である。

認識論

人々が見るのであって、彼らの眼が見るのではない。

(N. R. Hanson, *Patterns of Discovery*, Cambridge U. P. 1958. p. 6)

ロゴスの根本意義は語りである。

（ハイデガー著・熊野純彦訳『存在と時間（一）』岩波文庫、二〇一三、一九〇頁）

語りとしてのロゴスの機能は、或るものを提示しつつ見えるようにさせることにある。

(同書、一九四頁)

我々の見る所のものは物自身の形ではない、物の概念に過ぎない。

(『西田幾多郎随筆集』岩波文庫、一九九六、二二八頁)

XI　論理と生命

註：この章は「論理と生命」となっているが、「行為的直観」に関わる部分のみを取り上げる。弁証法的一般者の世界を構成している個物たち（E）と一般（A）は、行為的直観によって結ばれているからである。

物は我々に対するもの、見られるものである。見るという事と行為という事とは、異なると考えられるが、（しかし、行為を受ける物を）見るという事なくして、行為というものは無い。（しかも）行為というのは、目的を意識した動作と考えられる。目的を意識するという事は、外に結果を見るという事でなければならない。故に（何れにせよ）外に物を見るという事のない、即ち、対象物を持たない動物には、行為というものは無い、少なくも、見るという事と行為という事とは、結び付かない。我々は、見つつ物を作るのである。道徳的行為の如きものでも、ポイエシス

（物を作る行為）でなければならない、しからざれば、（行為を伴わない）単なる動機（思い）に過ぎない。物とは形相を持つものである。（姿かたちを持たないものは、道徳的行為ではない。）

（201：3–9）

（一口で言えば、行為によって得られる直観を「行為的直観」と言う。そこで当然、）行為と行為的直観とは同一ではない、と言われるでもあろう。しかし、具体的には、行為的直観ならざる行為というものは無いのである。（行為があれば、必然的に、その反作用としての直観があり、それが「行為的直観」であるからである。斯くして、行為と行為的直観は一体不可分なのである、矛盾的自己同一なのである。）行為とは、（すべて）歴史的実在の世界（現実の世界）においての出来事でなければならない。物理学者の物理学的実験（といえど）も、この歴史的現実の世界に於いて（の）、（行為的直観を伴った）行為と見るのである。故に物理学者の行動も、（行為と直観という不可同なるものを自己同一として不可避的に含んでいるという意味で、）弁証法的である。経験的実在の世界とは、かかる行為的直観によって物が見られる世界でなければならない。すべての科学的知識も、ここに基づくのである。私の行為的直観というのは、唯、眼を以て物を見るという如きことではない。

（208：3–8）

我々はいつも、行為によって物を見るのである。（即ち、我々はいつも、行為的直観によって物を見ているのである。）しからざれば、（我々の見ているものは、）唯、心像の如きものに過ぎない。（日常の）知覚の世界から（最高度の）物理的実験の世界に到るまで、皆行為によって物が見られる世界である。前者に於いては、自己の身体が道具となるが、後者に於いては、何処までも物（観測装置）が道具となる。（そして）遂にその出立点たる我々の（行為的直観たる）身体的直覚が超えられる時、それは非直覚的と考えられる、（そしてそこに、仮説的なる物理的世界像が言語的に展開される。）

（228：6–10）

註：西瓜を叩いて、熟し具合を直覚する、これは行為的直観である。マグロのしっぽの切り口を見て、鮮度を直覚する、これも行為的直観である。前者においては、長年の経験を土台として手で叩くことが、行為である。後者においても、単に見ることではなく、長年の経験を土台として見る、ということが行為なのである。いずれの場合も、長年の経験が言わば観測装置なのである。行為的直観における直観とは、知識を含め、何らかのものを道具としての判断なのである。

我々の実在的自己は（さしあたり）身体的自己であり、我々は（我々自身の手は勿論の事、我々の持っている知識をも含めた意味での）道具を以て物を作る。（手をも使わず、唯じっと見つめる事によって行われる鑑定とか鑑賞も、道具——知識——を以て物——判断——を作っているのである。）物（対象）は見られるものであり、物（作品）を作る事は、一面に物（対象）を見てゆくことである。我々の自己が創造的要素（作家）となる時、（作られた）物（作品）は生命の表現となる。（例えば、高村光太郎の彫刻「手」が思い出される。）私が、我々が物を道具として持つという方向に於いて、世界は道具的となる、世界が自己の身体（の延長）となる、と言うのは、かかる場合を言うのである。そこでは、（自己の身体が世界に拡散されて、）身体的自己がなくなると考えられるが、（長い歴史の尖端にいる）歴史的身体的自己は、なくなるのではない。かえって（そのような）我々の身体的自己は、創造的要素（働き手）として能動的となるのである。歴史的生命の流れが、我々の身体に、漲るのである。ここに芸術家の創作作用の起源があるのである。（対象を前にしての）芸術家の直感と言うものは、我々が（様々な）物を道具として持ち、道具が身体の延長となるという技術的身体の、行為的直観である。故に、（それは）知覚的と考えられる。然るに創造的要素としての我々の歴史的身体的自己は、物を生命の表現として見るという方向に於いて、何処までも物を（無機的にではなく、生命の表現として）表現的に見てゆく。世界は何処までも自己自身を（命の表現として）表現的に限定すると考えられる。我々の日常生活の世界というものは、かかる世界なるが故に、物は（表現されるために）名を持つのである。

（256：3–14）

我々は、（常に）行為（的直観）によって物を見る、という歴史的現実の世界から出立して、（知識を含め、すべての）物を（行為的直観の）道具と見る、世界を（行為的直観の）道具（箱）視する方向に於いて、符号の世界（言語的表現の世界）に撞着する。それは、行為的直観の立場から出立しながらも、もはや直観的とは言われない世界である。（それは、知覚の世界というよりも、判断の世界である。）これに反し、物（そのもの）を我々の生命の表現と見てゆくという方向に於いて、即ち、世界が世界自身を創造（的に進化させる）という方向に於いて、我々は、我々の（ものを用いた行為的）直観を超えた、唯言葉によって表現される世界、ロゴス的世界を持つ。前者は自然科学的対象界と考えられるものであり、後者は精神科学または歴史的科学の対象界と考えられるものである。而して、同じく対象界と言っても、（両者は）その性質を異にするものである。一つは、物（対象）は（行為によって）現（わさ）れるものである、という方向に考えられるものであり、一つは、（対象の）形（相）が（おのずと）現れるという方向、（対象の）形成の方向に考えられるものである。前者の一般者は、（多くの事例に当てはまる理論的なるものであって）抽象的一般者と言われるものであり、後者の一般者は、（一つの具体的なる対象の形相であって）具体的一般者と言われるものである。固有名詞的なるもの（個物）は、直線的に（時間的に）自己自身を限定するものである、自己自身を形成するものである。世界を直観的に（一挙に）見てゆくという事は、固有名詞的に見てゆく事である。（「AはAである」という）自同律的なものの背後には、直観的なものがあるのである。世界を何処までも直観的に、個物的に、見てゆくという方向に於いては、いわゆる一度的なる歴史というものを考える事が出来るであろう。しかし行為的直観的に形成せられた形態を対象としては、種々なる文化科学というものが成立するのである。歴史的現実の世界では、いつも現実を中心として、かかる周辺的世界（文化科学など）を持つのである。否、かかる周辺を持たなければ、歴史的現実の世界ではないのである。現実の世界というのは、盲目的直覚の世界ではない。知覚の世界といっても、（知的なのであって、知的に）盲目的ではない。ロゴス的ならざる経験界というものも無いのである。行為的直観の論理的形式としての弁証法的一般者というのは、個物的統一として一面に具体的一般者たるとともに、個物を否定するものとして一面に抽象的一般者の性質を有するものである。弁証法的一般者の自己限定というのは、我々が身体的に働くことによって（行為的に）物を見、世界が世界自身を形成し行く、創造的過程の論理である。（個物が物を認識するという）認識形式というのは、歴史的生命（たる弁証法的一般者）のロゴス的な自己限定の形式である。

（256:15–258:9）

註：一九四五年、西田は没したが、その一三年後の一九五八年に、ハンソン（N. R. Hanson）は、*Patterns of Discovery*（『発見のパターン』）という著作をケンブリッジ大学出版局から出版した。これは、観察の理論依存性（原語は theory-laden、直訳では理論負荷性）を主張したもので、以後の科学哲学は、この主張を前提にして展開されていった。驚くべきこ

とに西田の論文「論理と生命」は、この観察の理論依存性の先駆として、経験のロゴス依存性を主張したものである。ハンソンについては、拙著『科学と人間――ウィトゲンシュタイン的アプローチ――』（勁草書房、一九七七）の「Ⅲ 科学と人間」の「第三の科学観――カルナップ的とハンソン的に対して――」をご参照いただきたい。

歴史の動きは非連続的であるか、非合理的であるか。私は、そう言うのではない。歴史は、行為的直観から行為的直観に移り行くのである、現在から現在へ行くのである。我々はいつも行為的直観的に現実を踏んで行くのである。そこに歴史的生命の連続があるのである。歴史的生命（たる弁証法的一般者）が自己矛盾的に自己自身を決定し行くのが、行為的直観である。

（279：3–6）

（弁証法的一般者たる）歴史的現実は、種々なる意味において、自己矛盾的と考えられるものである。その時間的・空間的なるにおいて、その主観的・客観的なるにおいて、なかんずく、過去・未来が現在に同時存在的という意味において、そう考えられるのである。逆に自己矛盾的なものが現実であるのである。自己矛盾的なものは考えることは出来ないと言われるが、実在は何処までも自己矛盾的なものである。考える事が出来ないと考える自己そのものも、自己矛盾的存在であるのである。自己矛盾的ならざるものは、考えられたものたるに過ぎない。歴史的現実は自己矛盾的に現実から現実に動いてゆく。自己矛盾から自己矛盾へ動きゆくのである。現在はいつも動きゆくと考えられるとともに、いつも現在である。（これは自己矛盾以外の何物でもないであろう。）

（280：11–281：3）

XII　行為的直観

私の行為的直観というものは、（中略）極めて現実的な知識の立場をいうのである、すべての経験的知識の基となるものを、いうのである。経験的な、あまりに経験的な知識の立場をいうのである。

（301：9–302：1）

認識作用というのは、歴史的世界において生起するものでなければならない。主客の分裂対立という事も、歴史的世界の弁証法的運動に基礎づけられなければならない。我々は歴史的世界における個（物）として、認識するのである。主客の対立が何処に如何にという事も、歴史的に定まって来なければならない。

（302：6–9）

我々の行為というものは、如何なる場合においても歴史的であり、我々は、歴史的世界においての個（物）として行為的であるのである。我々の行為というも、歴史的には、（種的な）本能的動作の如きものから発達して来たもの、でなければならない。本能的動作というものは、種の形成作用（種を形成する作用）である。しかし生命というものは、単に種の形成作用という如きものではない。それは、主体が環境を、環境が主体を限定し、主体と環境との弁証法的自己同一（絶対矛盾的自己同一）でなければならない。弁証法的一般者の世界の自己限定として、生命というものが考えられるのである。而して、絶対矛盾の自己同一という事は、形成（制作）する事であり、創造する事である、作られたものから作るものへ、という事である。かかる意味に於いて、作る事（創造する事・行為）が（同時に）見る事（直観）でなければならない。（成果を見ることなしに、創造という事はあり得ない。）

（303：1–9）

行為的直観的に物を見るという事は、物が否定せられるべく見られる事である。（行為するという事は、対象に影響を与える事であるからである。対象に何らかの影響を与える事なしには、そこから如何なる情報も得られない。ある個所で西田も言及しているところの、ハイゼンベルクが行った彼の「不確定性原理」についての説明をご存知の方は、それを思い起こしていただきたい。西田もきっとそれを思い起こしているのではなかろうか。）直観というのは、抽象概念的に考えれば、単に静止の状態とも考えられるであろう。しかし具体的には、(それは)物を身体的に把握する事である。(直観といっても、視覚が必須であるわけではない。しかし、身体は必須である。行為する身体が必須なのである。)故に、行為的直観というのである。かく言えば、行為が直観に先立つと考えられるかも知らぬが、我々の行為というのは、(生物的)種的動作に始まるのである。身体的に物を把握するという事は、(生物的)種的に働くことである。否、私の行為的直観というのは、単に生物的種的に物を把握する事ではない、社会的に、歴史的種的に、把握する事である。物とは、(かく把握されるところの)歴史的事物である。我々は歴史的身体的に物を見るのである。

(309:4-10)

註:すでにIIにおいて述べたことであるが、ハイゼンベルクの「不確定性原理」とは、その核心部分だけを要約すれば、以下のようになる。ある物の位置を確定するためには、それに光を当てて、その反射光を受けなくてはならない。しかし光を当てるとその物は、光が当たることによって動いてしまう。したがって、件の反射光が目に入る、或いは観測機の写真の乾板の届いた時には、その物は、既に光が当たった時とは別の所に移ってしまっている。したがって我々は、その物の現在の位置は、本質的には、正確には知り得ないのである。物の位置というものは、本質的には、不確定なのである。

知るという事も働くという事であり、働くというには、足場というものがなければならない。足場となるものは何であるか。それはいつも、行為的直観的に把握せられた現実の世界、でなければならない。而して、そういう世界（弁証法的一般者の世界）というのは、歴史的に構成せられたもの（――歴史的世界――）でなければならない、作られたもの、でなければならない。（しかし、そういう）歴史的世界に於いては、単に与えられたもの、というものは無い。それ（歴史的世界）は、作られたものでありながら、作るものを作り行く、個性的に自己自身を構成し行く世界でなければならない、絶対矛盾の自己同一として、（かかる）自己自身を構成し行く世界でなければならない。（そして、そのようにして）作られたもの（歴史的世界・弁証法的一般者）が、（知るという事の）足場となるのである。

（318：4–10）

行為的直観的に把握せられた現実は、何処までも決定せられたものとして、実在的である、物質的とも言う事が出来る。しかしそれ（現実）は、否定せらるべく、決定せられたものとして、道具的である。道具は実在なるが故に、道具となり得るのである。しかし矛盾的自己同一としての歴史的世界（弁証法的一般者）に於いては、作られたものは作るものを作るべく、否定せらるべく作られたものでなければならぬ。そこに（於いては、）物は道具的であるのである。我々の身体も道具的であるのである。しかし絶対の否定即肯定として、（根本においては肯定的に）個性的に自己自身を構成すると考えられる限り、作られたものから作るものへ、絶対矛盾の自己同一として、現実は歴史的進展の一段階である。そこに（於いては）現実はいつも実在自身の自己表現として、絶対的である、現象（現実）即実在とも考えられる。

（320:14–321:5）

註：子を叱る（否定する）のは、その子のことを思っている（肯定する）から、である。即ち、否定即肯定なのである。同様にして、自己否定も即自己肯定なのである。これらの論理の基底にあるものは、「根本においては肯定的」ということである。

弁証法的一般者の世界が個性的に自己自身を構成するという事は、我々は形成せられるものとして（生物的）種から生まれながら、何処までも個（個物）として自己自身を限定する（という）事であり、我々の行為というのが、歴史的・社会的である（という事である）。故に、我々の歴史的生命とは、物の世界を個性的に構成し行く事である。知識というのも、かかる（物の世界を）構成（する）作用（道具）に他ならない。問題は、歴史的・社会的個（個物）としての我々が、（それと矛盾対立する）物の世界を構成する（という事）である。（実は、物の世界についての）我々の知識は、行為的直観に基づき、制作的（なの）である。（模写ではなく、一種の創作なのである。

そして）歴史的身体的運動がその基礎となるのである。（中略）歴史的現在に於いて、いつも矛盾的自己同一的構成を中心として、即ち、歴史的・身体的構成を中心として、その自己否定的方向、空間的方向に、自然科学的知識が構成せられ、その自己肯定的方向、時間的方向に、精神科学的知識が構成せられるのである。而して、歴史的生命の具体的内容として、哲学的知識というものが成立するのである。

（329：6–330：1）

註：西田哲学の「行為的直観」に対応するものを、ハイデガーの『存在と時間』の中に探してみた。すると、あったのである。「瞬視」に関わる議論がそれである。

「瞬視」（しゅんし）という奇妙な語は、元のドイツ語ではAugenblickであり、その普通の意味は「瞬間」である。それを、熊野純彦訳（岩波文庫、二〇一三）も原祐・渡辺二郎訳（中公クラシックス、二〇〇三）も共に「瞬視」と訳している。その理由を私は知らない。しかし「瞬視」を、一面においては「行為」と考え、他面においては「直観」と考えれば、「瞬視」は、自己同一的に「行為的直観」に対応することになる。そしてこの対応づけは、以下において見るように、必ずしも無理筋ではないと思われる。熊野純彦訳の『存在と時間』（四）の九九九には、こうある。難解であるが、解釈しながら、そして少し崩しながら、引用してみよう。

現在が本来的な時間性のうちで保持され、かくてまた本来的な現在（決意をもって行為している現在）である場合、それを瞬視と呼ぶことにしよう。この術語は、能動的な意味で、脱自的な（投企的な）ありかたとして理解されなければならない。当の術語によって意味されているのは、現存在が決意したものとして、しかし決意性のうちで保持されたものとして脱出（投企）することであって、現存在が脱出（投企）するのは、配慮的に気づかわれるさまざまな可能性や事情にあわせて、状況のなかで出会われるものにそくしてなのである。瞬視の現象は、（通俗的な）〈いま〉からは原則的に解明されることはできない。（通俗的な）〈いま〉とは、時間内部性としての時間（道具的存在者や事物的存在者が於いてある時間）にぞくする時間的現象のことである。〈いま〉は、「そのなかで」或るものが（おのずと）発生し消滅し、あるいは目のまえに存在するものなのである。「瞬視のうちで」は、〈〈いま〉のなか、でのように〉なにものかが（おのずと）現前するということはありえない。むしろ（今まさに将来する未来に対する）本来的な対向的現在として瞬視は、手もとにあり目のまえにあるものとして「なんらかの時間のなかで」存在しうるものをはじめて（現存在に）出会わせるのだ（現存在は、瞬視によってはじめて、道具的存在者や事物的存在者に出会うことが出来るのである）。

したがって「瞬視」とは、結局のところ、現存在の決意性のうちでの（未来への）脱出（投企）なのである、そのような行為なのである。そしてそれによって現存在は、いろいろな存在者に出会うのである、周囲の環境とつながるのである。そうであるとすれば、ハイデガーが「瞬視」に託した思いは、西田が「行為的直観」に託した思いと、その構造において同じである、ということになるのではないか。ここにおいても西田とハイデガーは、相通ずるものを持っていたのである。

おわりに

私の「西田哲学」観

私が初めて西田哲学なるものに接したのは、旧制の高校時代であった。当時、高校生たるもの、西田幾多郎の『善の研究』くらい読まなくては恥ずかしい、といった風潮があった。それは勿論、とんでもない思い上がりであった。しかし、数人の友人たちと行っていた「読書会」の中で私にも順番が回って来たので、それを機会に、『善の研究』を読んで紹介しようと思い立った。はじめはよかった。第一編「純粋経験」はそれなりに納得して理解できた。しかし第二編「実在」の第五章「真実在の根本的方式」あたりになると、だいぶ怪しくなってきた。もともと私は理系の学生であったので、万物は原子論的に理解可能である、否、理解すべきである、と思っていたからである。私は、ここで躓いた。『善の研究』（第二編第五章の冒頭）には、こうあるのである。以下に、少し長いが引用する。

我々の経験する所の事実は種々あるようであるが、少しく考えてみると皆同一の実在であって、同一の方式によって成り立っているのである。今かくの如きすべての実在の根本的方式について話してみよう。

まず、すべての実在の背後には統一的或る者の働きおることを認めねばならぬ。ある学者は真に単純であって独立せる要素、例えば元子論者の元子の如きものが根本的実在であると考えている。しかしかくの如き要素は説明のために設けられた抽象的概念であって、事実上に存在することはできぬ。試みに想え、今ここに何か一つの元子があるならば、それは必ずなんらかの性質または作用をもったものでなければならぬ。全く性質または作用なきものは無と同一である。しかるに、一つの物が働くというのは必ず他の物に対して働くのである、しかしてこれには必ずこの二つの物を結合して互いに相働くを得しめる第三者がなくてはならぬ。例えば、甲の物体の運動が乙に伝わるというには、この両物体の間に力というものがなければならぬ。また性質ということも、一つの性質が成立するには必ず他（の性質）に対して成立するのである。例えば、色が赤のみであったならば赤という色は現れようがない。赤が現れるには赤ならざる色がなければならぬ、しかして一つの性質が他の性質と比較して区別せらるるには、両性質はその根底において、同一でなければならぬ、全く類を異にし、その間になんらの共通なる点をもたぬものは比較し区別することが出来ぬ。かくの如くすべて物は対立によって成立するというならば、その根底には必ず統一的或る者が潜んでいるのである。

驚くべきことに、ここに語られていることは、すべての物事を一般者の自己限定として見よう、という全体論的思想である。そしてこれこそが、実は完成形の「西田哲学」を一貫して貫いていた思想である。私は今日この引用箇所を読んで、原子論に凝り固まっていた高校時代の私が『善の研究』に躓いたのも無理はなかった、と思わざるを得ない。と同時に、西田幾多郎の思索の一貫性に畏敬の念を抱かざるを得ない。然らば、完成形の「西田哲学」は全体論であったのか、と言えば、そうではない。それは、一面において「一般者の哲学」として全体論的であったが、しかし他面において、「個物の哲学」として原子論的でもあったのである。この様な二面性——量子論的な意味での「相補性」——こそが、完成形の「西田哲学」の根本的特徴なのである。「絶対矛盾的自己同一」が西田哲学のトレードマークとなる所以である。では、「個物」とは何か。これについては、これまでも色々と論じられてきたので、ここでは改めて言及はしない。ただ私は、「個物」と言う時、時折思い出すことがある。それは、個物の本質は〈自由〉であるが、この自由は、一般者による限定のもとにおける自由である、即ち、一般者の予言のもとにおける自由である、ということである。そして個物は、その予言を知らなければ、自己の自由な意志によってその予言通りに行為するであろう。しかし個物は、もしその予言を知ったならば、場合によっては自分の自由な意志によってその予言を破り、それとは別の行為をすることも有り得るのである。このような自由を大森荘蔵は「予言破りの自由」と言った（大森荘蔵『言語・知覚・世界』岩波書店、一九七一、第七章）。西田幾多郎において個物の本質をなす自由は、大森荘蔵の言う

「予言破りの自由」であったのである。大森荘蔵は、生涯、西田幾多郎について語ったことはなかったと思われる。しかし両者には、ここに接点があったのである。

ここで少し、量子論的な意味での「相補性」について、説明しておきたい。「相補性」は、西田も時折言及している量子論の創始者の一人ニールス・ボーア（N. Bohr）によって提唱された量子論における基礎概念で、すべての物には、粒子性と波動性という二つの全く相反する性質がある、というのである。例えば或る一つの電子が、或る場面では粒子として振る舞い、或る別の場面では波動として振る舞う、というのである。この事実を、電子には相補性がある、と言うのである。ここで大切なことは、電子は、粒子の様でもあり、波動の様でもある、という、何か粒子と波動の中間の様なものではなく、或る場面では全く粒子であり、また或る別の場面では全く波動である、ということである。例えば、電子銃から電子を一つ撃ち出す（電子銃のメカニズムについては、今は触れない）。その電子の向かう先には薄い壁があって、そこに平行した二つの細い隙間が開いている。ところが、その一つの電子は、その二つの細い隙間を同時に通過し、通過した後には、干渉し相いながら、そこに立てかけてある写真乾板に達し、その一点に感光（電子だから「感電子」と言うべきか）する。これが、現実の事実である。ここでの問題は、一つの電子が二つの細い隙間を同時に通過し、写真乾板上の一点で感光する、ということである。一つの電子が、という時は、電子は粒子でなくてはならず、二つの細い隙間を同時に通過し、という時は、電子は波動でなくてはならず、そして、写真乾板上の一点で感光する、という時は、電子は再び粒子でなくてはならない。かくして一つの電子が、ある場面では粒子であり、或る別の場面では波動でなくてはならないのである。或る一つの電子が、場面ごとにおいて、完全に粒子になったり、完全に波動になったりするのである。これが、電子の相補性というものである。したがって我々は、電子という実在を全体として一挙に経験することは出来ないのである。我々に可能な事は、その粒子性の側面と波動性の側面を別々に経験し、その上で、全体としての電子というものを、それらの矛盾的自己同一として把握することのみ、なのである。我々には、一つの電子というものを、経験することは出来ない。したがって我々には、一つの電子というものを、経験しか記述出来ない言語では、記述することが出来ない。一つの電子というものは、我々の経験世界の背後にあるのである。したがって我々は、経験世界の背後にあるその一つの電子を記述するには、我々の経験世界を超えた言語によらざるを得ない。そして実際、そのような経験世界を超えた一つの電子を記述するのに、同じく経験世界を超えた複素数を用いざるを得なかった。それが、ハイゼンベルクのマトリックス力学でありシュレーディンガーの波動力学であった。何れにおいても、二乗すれば−1になるという、経験的にはあり得ない虚数単位「i」を用いざるを得なかったのである。この観点からすれば、西田幾多郎の言語は、数学的に言えば、虚数単位「i」の入った数式のようなもの、と言うべきであろう。ここにおいて西田の「矛盾的自己同一」は、数学における虚数単位「i」のようなものなのである。「西田哲学」は、哲学における量子力学であったのだ。「西田哲学」の難しさは、量子力学の難しさとよく似ている。

最後に、私が理解する完成形の「西田哲学」の骨格を示しておこう。私はこの「西田哲学」を、肯定的に評価する。

Ｅ（e_1、e_2、e_3、…）は、個物の世界、心の世界、内界の世界、主観の世界、意志の世界、知情意の世界、自由の世界、行為の世界、道徳の世界、人格の世界、個有名の世界、時間的全体論の世界、である。Ａは、物の世界、環境の世界、外界の世界、客観の世界、必然の世界、法則の世界、時間的原子論の世界、である。Ｍは、個物同士の媒介者である。そして、一般者Ａという土俵の上で、媒介者Ｍによって結合された個物たちが互いに働きあう世界、それが、弁証法的一般者の世界なのである。

その弁証法的一般者の世界とは、ＥとＡの矛盾的自己同一の世界である。具体的には、現実の世界、真実在の世界、生活の世界、永遠の今の世界、歴史的現在の世界、生命の世界、個物を限定する世界、なのである。

Ⅶ、Ⅷにおいて西田自身が描いた図を参考にしながら描いた図をもとに、以上のことを図示すると、以下のようになる。

なお、個物たち（e_1、e_2、e_3、…）は、弁証法的一般者の自己限定によって成立するのであって、Ｍの自己限定によって成立するのではない。Ｍは、個物たちがおいてある場所が言わば干渉しあって成立する場所である。そして個物たちは、その場所（Ｍ）において関係しあうのである。そして、そのようなことが行われる所が、一般者Ａである。しかしＡは、場所ではない。Ａと個

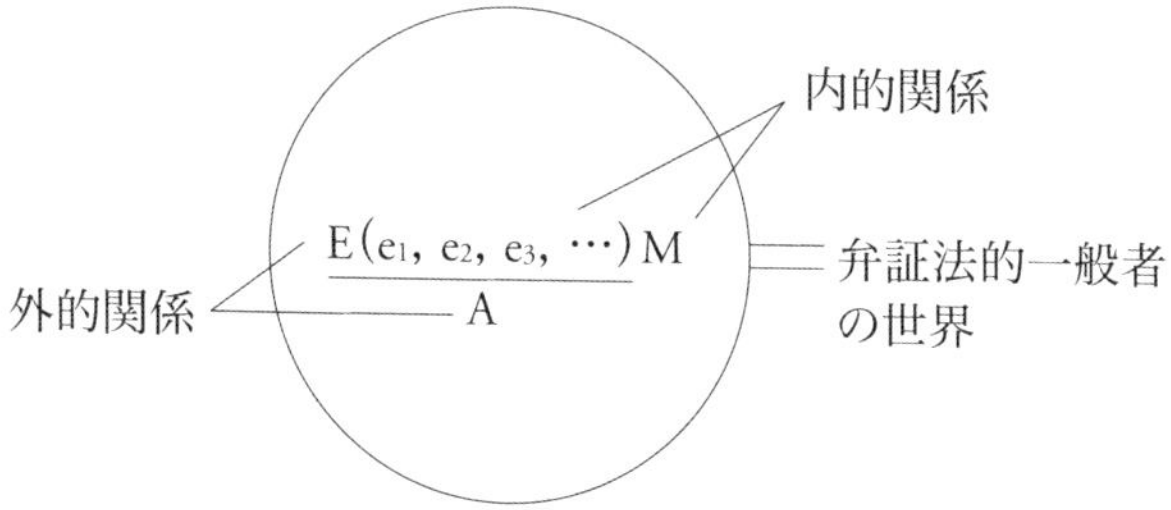
内的関係
E(e1, e2, e3, …)M
弁証法的一般者
の世界
外的関係
A

物たちは、外的関係にあるからである。一般者Aは、いわば、個物たちが演じる人生劇場の舞台なのである。そしてその舞台自体も、実は、時々刻々変わってゆく回り舞台なのである。

AとEとは外的関係にある。しかし、西田幾多郎によって認められ京都大学に招聘された和辻哲郎が、その著『風土─人間学的考察─』（岩波書店、一九三五）において論じたところによると、風土という外的環境は、そこに住む人々の生活様式──文化──に決定的な影響を与えるという。そしてこれは、AとEとは内的関係にあるということを意味しているのではないか。そう思われるかもしれない。しかし、これは違う。そこに住む人々の生活様式──文化──に決定的な影響を与えるのは、風土という外的環境の長い歴史であって、日々の外的環境そのものではない。言うなればAは、Eと積分的には内的関係にあるとはいえ、微分的には外的関係にあるのである。そしてAは、西田においては、常に微分的に考えられているのである。

ちなみに、和辻が『風土』を岩波書店から出版した一九三五年という年は、西田が「現実の世界の論理的構造（二）」と「弁証法的一般者としての世界」を含む『哲学の根本問題・続編』を出版した一九三四年の翌年である。ただし、このことに何らかの意味があるか否かは、判らない。しかし和辻の『風土』と西田の『哲学の根本問題・続編』は、奇しくも、個物とそれを包むものという同一の問題を論じているのである。この観点から見れば、西田の膝下にあった和辻の『風土』は、西田の「弁証法的一般者の世界」の一部を構成していることになる。そして和辻の議論は、確かに西田の議論を補完するものになっている。

続・おわりに
私の「西田哲学」観

註：以下は、西田の論文「一般者の自己限定」（『一般者の自覚的体系』岩波書店、一九三〇所収）を引用しながら、「西田哲学」の深淵を探ってゆこうとするものである。したがって以下の本文は、西田自身の文章である。

意識的自己（意識されている自己）というのは、何処までも見られた自己に過ぎない。然らば、真に自己自身を見るとは如何なることを意味するのか。それは、見られる自己が無くなる事である、自己が絶対に無なる事を見る事である。故に我々は、真に自己自身を忘じた所に、真の自己があると考えるのである。（無心の心が真の心なのである。）

（374：2-5）

我々が普通に自己と考えるものは、その実、（意識する自己ではなく、）意識せられた自己である、内在的意識と考へるものは、その実、（限定する意識ではなく、）限定せられた意識である。真に（何かを）意識する自己は、何処までも自己の無（なる）を見る自己である。（さもないと意識する自己は、無でない自己自身に妨げられて、当の何かを見る事が出来なくなるからである。）（中略）真のノエシス的（作用的）限定というのは、（作用という）無が（対象という）有を限定する事である。かかる限定が、意識と考えられるものである。何処までも自己の無（なる）を見る自己の自己限定と考えられるものが自由意志である、（自己の）絶対無（なる）を見る自己の自己限定が絶対自由の意志である。我々の意識的自己の底に何処までも深い自由の意識があるのである。自由意志的限定というのは、客観的なものを自己の主観的限定と見る事である。客観的なるものの背後に主観的限定を見るという事は、有の根底に無の限定を見る事である。有の背後に無の限定を見るという事は、客観的なるものの背後に、創造作用を見る事である。（自己の）無（なる）を見る自己の限定が自由意志であり、自由意志のノエマ的（対象的）限定が創造的作用と考えられるものである。それで、かかるノエマ的限定が完全になればなる程、自己の主観的内容と考えられるものは客観化せられる、例えば、芸術的表現の如きものとなる。ノエシス的に言えば、それ（その「主観的なるものが客観化せられる」という事）は、（無なる）自己が自己の無を見るものとなる、（という）事である。（ヘーゲルは、このような事態を「自己疎外」などと言う。）

（375:12–376:8）

ノエシス的方向というのは、自己が自己その者を見る方向であり、即ち、自己の無を見る方向である、（それは、）ノエマ的（対象的）には自己否定の方向である。これに反し、ノエマ的方向というのは、自己自身の内容を見る方向であり、自己が作用的意義を失う方向である、ノエマ的には、自己肯定の方向たると共に、ノエシス的には自己否定の方向である。ノエシス的方向の極限に於いては、自己は（自己の）絶対の無（なる）を見ると言い得るが、かかる自己の内容は如何なる意味においても限定する事は出来ない。かかる自己の自己限定が自由意志と考えられるものである。自由意志とは、（自己の）絶対の無（なる）を見る自己の自己限定作用である。

（379：8-13）

或る時代に生まれた我々の自己は、それがノエマ的に自己を限定するかぎり、時代精神に支配せられるであろう。しかし自己自身の無（なる）を見る自己のノエシスの底には、何処までも深い或る物がなければならない。我々の自己の底には、歴史を超えたものがあるのである。我々の行為の底には、ノエシス的方向に何処までも深い自己があるのである。それは、本能とか社会とか歴史とかいうものではなくして、何処までも省みる事のできない自己である、無（なる）を見る自己の自己限定というべきものである。本能とか社会とか歴史とかいうものは、かかる自己（ノエシス的方向に何処までも深い自己）のノエマ的に映された映像である（ところの）、見られた自己に過ぎない。かくノエシス的方向に自己が超越的となる時、映されたる自己のイデヤ的内容は、いつも十全たるを得ない、そこには（ノエシス・ノエマという）主客（の）合一は成立しない。ノエマ的に即して見られる自己はいつも抽象的たるを免れない、唯、一般的自己というものが見られるまでである。客観的に考えられる所謂社会とか時代精神とか云うものは、斯くして考えられた抽象的にして一般的なる行為的自己の映像というべきである。（中略）歴史も社会も行為的自己を通して動いてゆくのである。そこに天才が歴史を動かすというカーライルやニーチェの考えに真理を認めることが出来る。無論、単に個人の力が社会や歴史を動かすと言うのではない、如何なる偉人も時代精神を捕らえなかったものは無いであろう。しかし時代精神の如何なる方向を捕らえるか、また、これを如何に形成するかは、偉大なる個人の性格に俟つものが多いのである。而して、個人の底から（その個人を）動かす深い暗い或る物は、単に外に見られる時代精神という如きものではなくして、我々の行為的自己の底に見られる深い自覚的限定の内容でなければならぬ、深いイデヤを見る力でなければならぬ。歴史的偉人は、単に或る時代の或る階級に現れたる時代精神の機関として働くのではなく、かかる時代精神を形成している歴史的イデヤを深く掴むのである。恰も、芸術家は自然の美を捕らえるが、単に自然に従うのではなく、創造することによって見るのと同様である。無論、歴史が単に民衆によって動いてゆくと考えられる場合もあるであろう。しかし、大なる歴史的発展はいつも偉人のイデヤ的自覚を通さなければならない。或る時代の或る階級の精神というも、（そのような）イデヤの構成せるものなるが故である。

（401:10–403:1）

以上論じた如き自己自身の無（なる）を見る自己のノエシス的限定を行為と考える立場から、翻って私のいわゆる種々なる一般者の（自己）限定というものを考えてみよう。（自己の）無（なる）を見る自己の（自己）限定を行為と言っても、行為とはなお我々の意識的自己に即して考えられた超越的自己の（自己）限定である。行為的自己のノエシス的方向には、何処までも深いものがなければならない、我々の行為的自己をも超えたものがあるのである。歴史とか社会とか考えられるものは、（中略）かかる（行為的）自己の自己限定として現れるのである。しかし歴史的自己というのも、なお行為的自己の方向に自己を超えたものである。自己が真に自己自身を失って自己の無（なる）を見るという立場に於いては、如何なる意味に於いての行為的立場をも超えた立場がなければならない、単に見るという立場がなければならない。プロチノスの如く、働くことは見るための廻り途ということが出来る。私の一般者の自己限定と言うのは、かかる立場に基づいたものである、即ち、自己自身の無（なる）を見る自己の自己限定から、ノエシス的限定の内容たる行為的自己の内容を除去したものである。この故に、それ（一般者の自己限定）は、無（なる）を見る自己のノエマ的限定に基づいた抽象的限定の立場ということが出来る。一般者の自己限定に於いて、ノエシス的限定の内容は唯、ノエマ的限定に即して考えられるのである。

（403：2－13）

自己自身の無（なる）を見る自己がその極限に於いて絶対無の自覚に撞着した時、自己自身を忘ずると共に、万物自己ならざるものはない、見る自己がなくなると共に、見らるべきイデヤもない。しかし、かかる境涯の体験は、之を宗教家に委託するの外はない。

（409:4–6）

我々の自覚が絶対無に撞着した時、その（絶対無の）ノエシス的限定（働き）は、我々の内的生命と考えるものである。内的生命の底は無限に暗い、しかしそれは、単なる暗黒ではなくして、ディオニシォースの言う如き輝く暗黒である。（そして、）かかる内的生命のノエマ的限定として客観的に見られるものが、広義において歴史と考えられるものである。（また、）客観的精神と考えられるものは、（その）深い内的生命のノエマ的限定と考えることが出来る。

（411:15–412:3）

註：ここで我々は、「西田哲学」の深淵の一端に触れることが出来るであろう。特にその最後の部分は、注意して読んでいただきたい。我々の自己の無底の底なる弁証法的一般者は、有の世界の無底の底であるから、その底は、絶対無の世界でなくてはならない。その絶対無の世界のノエシス的限定が内的生命であり、内的生命のノエマ的限定が、弁証法的一般者の世界なのである。したがって、さきに私が弁証法的一般者の世界として論じてきたことは、改めて、その本質は内的生命の世界であるとして、或いは、絶対無の

世界であるとして、括り直されねばならないことになる。しかし内的生命の世界にしろ絶対無の世界にしろ、その底は、輝ける暗黒なのである。西田はそこに、見えざる絶対者の姿を見、聞こえざる絶対者の声を聴いていたのであろう。西田の形而上学は、必然的に、宗教に行き着いたのである。宗教は、形而上学に内在していたのである。そしてこの道筋は、西田の処女作『善の研究』以来のものである。そしてそこに私は、宗教の本質を見る。

西田は『善の研究』(弘道館、一九一一)の第四編「宗教」の第三章「神」の冒頭において、こう言っている。

> 神とは、この宇宙の根本をいうのである。(中略)余は神を宇宙の外に超越せる造物者(創造者)とは見ずして、ただちにこの実在の根本と考えるのである。神と宇宙との関係は、芸術家とその作品との如き関係ではなく、本体と現象との関係である。宇宙は神の所作物(被造物)ではなく、神の表現 manifestation である。外は日月星辰の運行より、内は人心の機微に至るまで、ことごとく神の表現でないものはない。我々は、これらの物の根底において、いちいち神の霊光を拝することが出来るのである。

私は、西田が「一般者の自己限定」(一九三〇)において、ディオニシォースの言う如き「輝く暗黒」、と言う時、そこに、一九年前に書いた『善の研究』においてと同じように、「神の霊光」を見ていたのではないかと思う。

最後に一言。私は、幸いにしてここまで読み進んできていただいた読者諸賢におかれましては、願わくばひと時左図を参照されながら、絶対無の世界に支えられた壮大な西田幾多郎の世界に浸っていただきたい。「おわりに」で描いた図に絶対無の世界を織り込むと、自然と左記のような図が浮かんでくる。

ここにおいて個物たちは、内界の自己同一を保ちつつ、変わりゆく外界と相互作用しながら生活していく。それは、弁証法的一般者の世界の自己限定であり、更には、絶対無の世界の自己限定である。そしてその底は、輝ける暗黒なのである。

絶対無の世界などと言うと、いかにも神秘的な世界のように思われるかもしれないが、しかし、真の底には更なる底が有ってはならない。何故ならば、もしも真の底に更にその底が有ったならば、その真の底なるものは実は真の底ではなくなってしまうから。これが、真の底が「無底の底」と言われる論理的根拠である。したがって、実は真の底は「無底の底」ではなく、「無底の底」の「無」なのである。この「無」が、本当の真の底なのである。そして西田は、それを「絶対無の世界」と言ったのであると思う。「絶対無の世界」の存在は、神秘的であるどころか、全く明々白々な論理的必然の事実なのである。

有の世界

$E\ (e_1 \smile e_2 \smile e_3 \smile \cdots) =$ 個物の世界

$M_{12}\ \ M_{23}\ \ M_3\ \cdots$

一般者なる媒介者 M（M_{12}，M_{23}，M_3 ・・・）による

一般的限定 即 個物的限定 であるところの

弁証法的な一般者の世界（内界）

A＝法則的な一般者の世界（外界）

この有の世界に対して、その限界をなす

無底の底

であるところの

内界 即 外界 なる

弁証法的一般者の世界

絶対無の世界

絶対無の世界のノエシス的限定が内的生命であり、

内的生命のノエマ的限定が弁証法的一般者の世界

輝ける暗黒

かくして結局、こう言わなくてはならない。『善の研究』の言い方を借りれば、私の生死も絶対無なる神の表現（manifestation）である。

ここまで来ると、西田の最後の完成論文である「場所的論理と宗教的世界観」の最後の章から、引用せざるを得なくなる。即ち、こうである。

自己が絶対者（絶対無）の自己表現となるのである。（中略）神の人、何処までも主の僕となるのである。対象論理的に考える人は、かくの如き語を、単に自己が無になるとか、（個性を失って）無差別的となるとか考えるでもあろう。しかし、自己が自己の底に自己を超えるという事は、単に自己が無となるという事ではない、自己が（絶対無の）世界の自己表現点となる事である、真の個（物）となる事である、真の自己となる事である。真の知識も道徳も、かかる（真の自己の）立場から出て来るのである。（そして）そこから、絶対者（絶対無）の自己否定の極限として、人間の世界が出て来る。我々の自己は、（絶対無なる）絶対的一者の自己否定的多として、成立するのである。

西田幾多郎の宗教観は、その生涯を通じて一貫していたわけである。そしてその根底には、若き日の真摯な禅修行があったのである。この点に関しては、例えば、上田閑照編

『西田幾多郎随筆集』(岩波文庫、一九九六)所収の「参禅日記」の項を参照。

ここで少し「輝ける暗黒」について、駄弁を弄しておきたい。それは、英語では、dazzling obscurity という。これを、西田は「輝く暗黒」と言っているが、私は「輝ける暗黒」と言いたい。私がこの dazzling obscurity に出会ったのは、(旧制の)高校時代であった。何であったかは忘れたが、何かある哲学書の中で出会い、強烈な印象を受けて、その後、今日に至るまで、心の片隅に残っていたのである。そして今、久しぶりに西田の文章の中で、「輝く暗黒」として、再会したわけである。そんな訳で私は、懐かしい「輝ける暗黒」の方を訳語としてとったのである。そして実際、訳語としては、その方が落ち着きが有ってよいのではないか。

参考までに、熊田陽一郎の論考「ディオニシオス・アレオパギテスの神秘思想」(「中世思想研究」三五号、一九九三)の「二 神秘神学」より、一文を引いておきたい。

自らに留まる限り如何なる名ももたない神は、自らを出て世界として顕現して全ての名をもつ。神は世界において我々を照らし尽くす光であり、しかも同時に如何なる知性も認識し得ぬ闇である。神について知と不知、光と闇とが共に語られる所に、ディオニシオスの神秘思想がある。「この神秘は最も深い闇の中に最も明るい光を輝かせ、全く触れることもできないところで、何物にも優る美しい光で、盲になった知性を豊かに満たすのである。」このような言葉も、神の全名と無名のパラドックスを示すものとしてみれば、そのまま素直に受け取ることが出来よう（一八四頁）。

私は、この文章に更に説明すべき言葉を加える必要を感じない。そして、そうであるとすれば、「西田哲学」もまた、同じ意味で「神秘神学」だと言えよう。

補論Ⅰ　三木清『哲学入門』を読む

註：日本における哲学の夜明けは、西田幾多郎の『善の研究』で始まる。この書の出版は、当初はそれほど注目されなかったが、倉田百三による賞揚などもあって、次第に当時の日本の若き読者層――特に（旧制の）高校生――に、熱狂をもって受け入れられた。小坂國継は、同氏の全注釈になる西田幾多郎『善の研究』（講談社学術文庫、二〇〇六）においで、こう書いている（四七二頁）。

一高から京都帝国大学に進むという、当時としては破天荒なコースをあえて選択した三木清（一八九七―一九四五）は、西田幾多郎と『善の研究』の影響について次のように述べている。

『善の研究』は私の生涯の出発点となった。自分の一生の仕事として何をやっていいのか決めかねていた私に、哲学というものがこのようなものであるなら、哲学をやってみようと決めさせたのは、この本である。（「西田先生のことども」）

京都へ行ったのは、西田幾多郎先生に就いて学ぶためであった。高等学校時代に最も深い影響を受けたのは、先生の『善の研究』であり、この書物がまだ何をやろうかと迷っていた私に哲学をやることを決心させたのである。（「我が青春」）

そして三木は、未だに驚異的なロングセラーになっている『哲学入門』（岩波新書、一九四〇）の序に於いて、こう書いている。

哲学は学として、（中略）統一のあるものでなければならぬ故に、この入門書にもまた或る統一、少なくとも或る究極的なものに対する指示がなければならぬ。かようなものとしてここで予想されているのは、私の理解する限りの西田哲学であるということが出来る。

三木の『哲学入門』は、実は、三木清を通じての『西田哲学入門』であったのである。事実、三木のこの本は、西田自身の文章を彷彿させる文章に満ちている。そこで私は、そのような文章を引用することによって、難解な西田哲学への通路を広げたいと思った。これが、この「補論」の趣意である。そして以下が、その引用である。

(西田がよく言うように) 我々はそこに生まれ、そこで働き、そこで考え、そこに死ぬる、そこが現実である。我々に対してあるものは、哲学の言葉で対象と呼ばれている。(しかし) 現実は、対象であるよりも、むしろ我々がそこに (於いて) 立っている足場であり、基底である。或いは一層正確に言うと、現実が対象としてではなく基底として問題になって来るというのが、哲学に固有なことである。科学は現実を対象的に考察する。しかるに (例えば、自由と必然の問題に悩み、) 現実が足下から揺らぎ出すのを覚える時、基底の危機というものから哲学は生まれてくる。哲学は現実について考えるのでなく、現実の中から考えるのである。現実は、我々がそこに於いてある場所であり、我々自身、現実の中の一つの現実に外ならぬ。対象として考える場合、現実は哲学の唯一の出発点であり得ないにしても、場所として考える場合、現実以外に哲学の出発点はないのである。

(1:9–2:6)

一つの現実として現実の中にある人間が現実の中から現実を徹底的に自覚してゆく過程が、哲学である。哲学は、現実から出立してどこか他の処へ行くのではなく、つねに現実へ還ってくる。(哲学は、徹底的に現実の自覚の学なのである。)

(3:6–8)

ところで現実というとき、先ず考えられるのは我々の生活である。この現実を顧みて知られる事は、我々が世界の中で生活しているという事である。我々がそこにいて、そこで働くこの世界は、環境と呼ばれている。環境というとき、普通に先ず自然が考えられるが、自然のみではなく社会もまた我々の環境である。むしろ我々がそこに(於いて)ある世界は、何よりも世の中、或いは世間である。

(6:2–6)

人間と環境とは、人間は環境から作られ、逆に人間が環境を作るという関係に立っている。この関係は、人間と自然との間にばかりではなく、人間と社会との間にも同様に存在している。社会は我々に働きかけて我々を変化すると共に、我々は社会に働きかけて社会を変化する。人間は社会から作られ、逆に人間が社会を作るのである。

(7:1–4)

人間は環境を形成することによって自己を形成してゆく、――これが我々の生活の根本的な形式である。

（7：5–6）

我々は環境から作用され逆に環境に作用する、環境に働きかける事は同時に自己に働きかける事であり、環境を形成してゆく事によって自己は形成される。環境の形成を離れて自己の形成を考える事は出来ぬ。

（8：3–5）

人間は現実的存在であるというが、（ハイデガーの言葉を用いれば）現実的なものとはそこにあるもの（ダーザイン、現存在）である。そこにあるとは、世界に於いてある（世界内存在）という事であり、世界はさしあたり環境を意味している。しかし次に、現実的なものとは働くものでなければならぬ。働かないものは、現実性にあるとはいわれず、ただ可能性にあるといわれるのみである。働くという事は、関係に立つという事である。現実的なものはすぐれた意味に於いてあると言われるのであるが、「ある」とは、「関係に立つ」という事であり、関係に立つとは働くという事である。（バークレーが言うように、）あるとは知覚されることであると考えられるとすれば、知覚されるという事もまた、かような関係の一つに過ぎない。しかるに物と物とが現実的に関係するためには、一つの場所になければならぬ。人間は世界の中にいて（世界内存在として）、そこにある他の無数の多くのものと関係に立っている。

（8:6–14）

註：ここで急にハイデガーの影が現れるのは、一見奇妙に思われるかもしれないが、実は三木は、一九二三年に、マールブルクでハイデガーに学んでいるのである。ハイデガーがその主著『存在と時間』を世に問うたのは一九二七年であるが、三木には、常にハイデガーが気になっていたと思われる。ちなみに、西田の哲学が「西田哲学」として世に言われるようになる機縁となった論文「場所」が発表されたのも、その同じ一九二七年であったのである。しかも三木は、西田哲学を解説するのにハイデガー的な言い方をもってしたのである。我々は此処に、西田とハイデガーに通底するものを見ることが出来る。西田とハイデガーに通底するものと言えば、例えば私には、西田の「場所」はハイデガーの「地平」に当たるのではないか、と思われる。ハイデガーは、『存在と時間』の「一」において、「いっさいの存在了解一般を可能にする地平」という言葉を使っているが、この「地平」という語を注釈して訳者熊野純彦は、「ドイツ語の Horizont（地平）を、ハイデガーは（中略）、あることがらがその内部でのみ可能となる限界もしくは場面、視界の意味で使用する」と言っている。そうであるとすれば、ハイデガーの「地

平」は当に西田の言う「場所」ではないか(ハイデガー著・熊野純彦訳『存在と時間』(二)、岩波文庫、二〇一三)。

ついでにひとこと言い添えると、ハイデガーは熊野純彦訳の『存在と時間』の第二二節「世界内部的に手もとにあるものの空間性」の二八六において、こう言っている。「道具の近さは(中略)その道具がただたんにどこかで目のまえに存在し、じぶんの位置を空間中に有していることではない。道具として、その本質からして、備えつけられ、納められ、あるいは組みたてられ、整備されているということである。道具にはその場所がある。そうでなければ、道具は「散らかっている」ことになる」。ここで言われている「場所」(Platz)は、西田哲学における「場所」と同じ趣旨であると思う。

人間と環境の関係は、普通は主観と客観の関係と呼ばれ、私は主観であって、環境は客観である。主観とは作用するもの、客観とはこれに対してあるもの即ち対象を意味する。主観と客観は、主観なくして客観なく、客観なくして主観なく、相互に予想し合い、相関的であるといわれている。しかしながら両者の関係をただ相関的であるというのは不十分である。私自身は私にとってどこまでも環境とは考えられぬもの、反対に私にとって環境であるものはどこまでも私自身とは考えられぬものである。客観からは主観は出てこないし、主観からは客観は出てこない、両者はどこまでも対立的である。

(9:1–7)

一切のものは、(弁証法的一般者の)世界の主観的・客観的自己限定あるいは特殊的・一般的自己限定として生じ、(弁証法的一般者の)世界に於いてある。(主観的・客観的)世界が(弁証法的一般者の)世界に於いてあるという場合、その(主観的・客観的)世界即ち無数に多くのものの総体としての世界と(その)絶対的場所としての(弁証法的一般者の)世界とは、客体と主体というように、何処までも対立すると共に、また何処までも一つのものである。(中略)かくて(弁証法的一般者の)世界は、多にして一、一にして多という構造を持っている。人間は(弁証法的一般者の)世界から作られ、作られたものでありながら独立なものとして、逆に(弁証法的一般者の)世界を作ってゆく。(西田がよく言うように)作られて作るものというのが、人間の根本的規定である。

(14:14–15:7)

「世界は深い」とニーチェも言った如く、(弁証法的一般者の)世界は主体である人間を内に包み、これを超えて深いのである。主体がそれにおいてある(弁証法的一般者の)世界即ち絶対的場所は、どこまでも主体的なものでなければならぬ。それは、主体である人間がそれに対して客体と考えられるような主体である。それは、「既に」そこにある世界ではなく、却っていわゆる（主観的／客観的）世界がそれにおいてある世界であり、真の現在（真に現に存在する世界）である。哲学は対象的認識ではなくて場所的自覚である。人間は（弁証法的一般者の）世界から作られる。（弁証法的一般者の）世界は創造的世界である。創造とは独立なものが作られるという事である。人間は、（弁証法的一般者の世界から）作られたものでありながら、（弁証法的一般者の世界からは）独立なものとして、自ら（さまざまなものを）作ってゆく。人間が（ものを）作る（という事）は、自らも創造的なもの（存在）として、（弁証法的一般者の）世界が（弁証法的一般者の）世界を作るのに参加する事である。人間は形成的世界の形成的要素である。我々が（ものを）作る（という）のは、（弁証法的一般者の）世界が（弁証法的一般者の）世界を作る事において、その内に（いて、それに参加して）（ものを）作る事である。（かくして歴史――弁証法的一般者の歴史――は作られる。）
（64：12–65：7）

（弁証法的一般者の）歴史は我々にとって単に与えられたものではなく、我々がその中にあって、その形成的要素として、我々の作るものである。しかし我々は勝手に（弁証法的一般者の）歴史を作り得るものではなく、我々の目的は客観的なものでなければならぬ。形成的世界における形成的要素として、我々の行為は、本来つねに職能的な意味を持っている。その（弁証法的一般者の）世界の我々に対する呼び掛けが、我々にとっての使命である。職能は使命的なものであり、使命はまた職能に即して、歴史的・社会的に限定されたものである。しかし単に客観的なものは、使命とは考えられない。外からの呼び掛けが内からの呼び掛けであり、内からの呼び掛けが外からの呼び掛けである処に、使命はある。真に自己自身に内在的なものが超越的なものによって媒介されたものであり、超越的なものによって媒介されたものが真に自己自身に内在的なものであるというところに、使命は考えられるのである。かような使命に従って行為することは、（弁証法的一般者の）世界の呼び掛けに応えて（弁証法的一般者の）世界に於いて形成的に働くことであり、同時に自己形成的に働くことである。それは、自己を殺すことによって自己を活かすことであり、自己を活かすことによって環境を活かすことである。人間は使命的存在である。

（209：2–14）

註：三木清の『哲学入門』は、この言葉をもって終わる。「人間は使命的存在である」とは、なんと重い言葉ではないか。これは、三木清の或る種哲学的な覚りのようなものであると思う。そして実際、西田自身も「行為的自己の立場」において、くり返しになるが、こう書いている。

我々が行為的自己の立場に立つ時、この世界は、単なる主観界でもなければ、単なる客観界でもない。単なる物の世界でもなければ、単なる意識の世界でもない。それは、我々がそこから生まれそこに死に行く人格的生命の世界でなければならない。この世界に於いてあるもの（個物）は全て、自己自身を表現するものであり、それ自身創造的なる形而上学的・社会的・歴史的実在としてこの世界は、無限なる自己自身の表現を持つ、（即ち、）絶対の言葉を持つ。我々はかかる世界の自己限定として、これに於いてあり、これに於いて各自の使命を持つ。働くものを限定する現実の世界の自己限定としてこれに於いてあるものは、一々が個物的でなければならない。その一々が唯一なるものとして絶対の使命を持つと考えられねばならない。而して斯く一々が唯一の個物として絶対の使命を有するという事が、我々一々が死すべく生まれ、生まれるべく死するという事である。唯かかる者のみ、真の個物ということが出来るのである。

（10:9–11:2）

三木は「人間は使命的存在である」と言い、西田は「一々が唯一の個物として絶対の使命を有する」と言う。ここで私はこう思う、「死は逃れる術のない宿命ではない。それは、人間が最後に果たすべき絶対的使命である」。西田が、例えば（「現実の世界の論理的構造」（二）の本文の冒頭において、）真の現実の世界を「我々がそれに於いて生まれ、それに於いて働き、それに於いて死にゆく世界でなければならない」と言う時、同じような思いを持っていたのではないかと思う。

ここで一つ蛇足を付け加えたい。それは「死にゆく」という言葉についてである。西田は「プラトンのイデヤの本質」において、ソクラテスの言葉として、既に述べたように、こう書いている。

「しかし分（かれ）るべき時はきた、私は死に行くべく、汝らは生き長らえるべく、いずれが幸なるか、ただ神のみぞ知る。」

西田にとってもプラトンにとっても、人間は「死ぬ」のではなく、「死にゆく」べき存在なのである。ところが、熊野純彦はハイデガーの『存在と時間』の翻訳で、その第五一節「死へとかかわる存在と、現存在の日常性」の七五七において、他の邦訳では「死亡しつつある人」などと訳されている Sterbende を「死にゆく者」と訳している。この思いがけない一致は何であろうか。ハイデガーは『存在と時間』の第五十節「死の実存論的―存在論的構造をあらかじめ素描すること」の七五〇の冒頭において、「死は一箇の存在可能性であって、そのつど現存在自身が引きうけなければならないものである。」と言っている。ハイデガーにとって死は、現存在自身が主体的に〈引き受けねばならぬもの〉なのである、〈受け入れるべきもの〉なのである。そうであるとすれば、ハイデガーの Sterbende は、他人事のように「死亡しつつある人」としてではなく、主体的な意味のある「死にゆく者」と訳されるべきであろう。
以上において私は、西田幾多郎とハイデガーに通底する部分の幾つかを、気が付くままに挙げてきた。これは私にとって、非常に心躍る仕事であった。しかしもちろん、両者には違いもある。ハイデガーは、『存在と時間』の第五章「内存在そのもの」の第二九節「情態性としての現-存在」において、こう言っている。

情態性において現存在はつねにすでに、現存在自身のまえに立たせられており、現存在はつねにすでに自分を見出している。それも知覚することで自分を目の前に見出すのではなく、気分づけられた情態において見出すのである。(三八一)

これは難解な文章である。一体、「情態性」とは何か。これに対しては、ハイデガー自身、その章の冒頭で、こう言っている。

私たちが存在論的に情態性という名称で暗示するものは、存在的にはもっとも熟知された日常的なものである。つまり、気分とか気分づけられているといった事柄なのである。(三七七)

要するに「情態性」とは、日常的に「気分」と言われているものの哲学的（存在論的）表現なのである。したがって先の文章は、ごく粗く言えば、「我々は、知覚的に（それは不可能である）ではなく、気分的に自分自身を見ているのだ」ということである。「気分的に自分自身を見る」とは、自己を嫌悪する「自己嫌悪」とか自己に陶酔する「自己陶酔」などがその例であろうか。いずれにしろ、そのような切り口で自己を対象化する仕方は、西田哲学では取り上げられていなかったと思われる。

この論点に関して、参考までに、ハイデガーの一文を引いておく。「恐れはつねに、明示性はさまざまに変転するとはいえ、現存在をその〈現〉の存在において露呈する。」（熊野純彦訳『存在と時間』（二）第三〇節「情態性の一様態としての恐れ」三九八）。我々は、ライオンに襲われれば、強烈に恐れを感じ、自己の存在を意識するであろう。恐れとは、自己の存在についての不安であるからである。

最後に、ハイデガーに絡ませて、「西田哲学」において印象的な文章を二つ引いておきたい。ハイデガーは、『存在と時間』の第五八節「呼びかけの理解と負い目」において、こう言っている。

作為や不作為によって「生じた」罪過という意味における負い目の概念は、派生的なものにすぎない。（中略）現存在という存在者は、違反や不作為によってはじめてみずからなんらかの「負い目」を背負いこむとはかぎらない。現存在はただ「負い目のある」もの――そうしたものとして現存在は存在している――で本来的にあるべきなのだ。（八六四）

これに対し、西田はこう言っている。

人間は原罪的である。（中略）そこに人間そのものの存在があるのである。（「場所的論理と宗教的世界観」『西田幾多郎哲学論集Ⅲ』岩波文庫、一八九八、三六四頁）

この点では、ハイデガーと同じであると思われる。しかし西田はその少し前で、こう言うのである。難解であるので、補いながら引用する。

絶対の神は自己自身の中に絶対の否定（罪びと）を含む神でなければならない、極悪（な罪びと）にまで下り（そこに内在し）得る神でなければならない。（そうする事によって）悪逆無道（な罪びと）を救う神にして、真に絶対の神であるのである。最高の形相は、最低の質料を（救うべく）形相化するものでなければならない。絶対のアガペ（神の愛）は、絶対の悪人にまで及ばなければならない。神は逆対応的に（神から人への方向に）極悪の人の心にも潜むのである。単に裁く神は、絶対の神ではない。

（前掲書、三三五頁）

私は、ハイデガーの宗教観をつまびらかにしない。しかし私は、深く仏教文化の中ではぐくまれた西田のこのような宗教観に、独特の深いものを感じる者である。その点、ハイデガーはどうであろうか。西田においては、神は「内在的超越」なのである。ここにおいて私は、西田も既に『善の研究』第四編第一章「宗教的要求」の冒頭において引用している「すでに我生けるにあらずキリスト我にありて生けるなり」（新約聖書「ガラテヤ人への手紙二・二〇」）という使徒パウロの言葉を思い出さざるを得ない。ここで言われていることは、まさに神の「内在的超越」ではないであろうか。そうであるとすれば、深くキリスト教文化の中ではぐくまれ、初めはキリスト教神学の徒として教育を受けたハイデガーが、西田の宗教観を理解できないはずはないのではないか。ただし、『存在と時間』においては、パウロはたった一回、七四四の注の中において、しかも全く別の文脈において言及されているだけである。

西田幾多郎は、弟子たちがハイデガーのもとに留学していたこともあって、ハイデガーについての色々の情報を持っていた。そして勿論、『存在と時間』も送られてきており、読んでいた。その上での、西田幾多郎のハイデガーについての評価は、おおむね否定的であった。しかし、肯定的な面もあった。参考までに、以下において、肯定的な文一つと否定的な文二つを挙げておく。

私の絶対無の自覚的限定の立場からは、独りカントの意識一般の如き立場をその特殊なる場合と考え得るのみならず、フッセルの純我の直観と考えられるものや、ハイデッゲルの了解の立場の如きものも含めることができると思う。(『種々の哲学に対する私の立場・西田幾多郎論文選』書肆心水、二〇〇八所収の論考「私の絶対無の自覚的限定というもの」一九三二、一六二頁)

ハイデッゲルのオントロギーと云っても主観的自己の立場を越えたものではない。(前掲書所収の論考「デカルト哲学について」付録、一九四五、四七頁)

真の形而上学的自己の立場と云うのは、もとより、歴史的形成的自己の立場でなければならない。そこから形而上学的問題が起るのである。(かかる意味に於いて私はハイデッゲルのオントロギーと云うものも真のオントロギーとは考えない)。(前掲論考五五頁)

西田幾多郎は、ハイデガーについて、初めは好意的であったが、後に批判的になったのであろうか。ちなみに、「私の絶対無の自覚的限定というもの」においては、ハイデガーに言及している個所が一一か所ある。

補論II　廣松渉『世界の共同主観的存在構造』を読む

註：廣松渉の主著は、一九八二年に第一巻が、一九九三年に第二巻が岩波書店から刊行され、第三巻は未刊に終わった『存在と意味』である。そしてこの『世界の共同主観的存在構造』（岩波文庫、二〇一七）は、雑誌『思想』に分載した「共同主観性」をめぐる三篇の論文を補修して第I部（内篇）とし、これと密接に関連する三篇の論稿を第II部（外篇）として編輯し、一九七二年に勁草書房から出版されたものに、附録として、足立和浩・白井健三郎・廣松渉による鼎談「サルトルの地平と共同主観性」（『状況』一九七三）を併録したものである。更に言えば、熊野純彦による注と懇切な解説がついている。衆目の見るところ、この著作は、廣松渉の第二の主著であり、廣松自身その「序文」において、これを主著のトルソーである、と言っている。

以下において私は、その序章からの引用を通じて、彼の言う「共同主観性」なるものを理解していこうと思う。

われわれは、今日、過去における古代ギリシャ的世界観の終息期、中世ヨーロッパ的世界観の崩壊期と類比的な思想史的局面、すなわち近代的世界観の全面的な解体期に逢着している。この断じても恐らくや大過ないであろう。（この）閉塞情況を打開するためには、それゆえ（中略）「近代的」世界観の根本図式そのものを止揚し、その地平から超脱しなければならない。認識論的な場面に即していえば、近代的「主観‐客観」図式そのものの超克が必要となる。

（18:6–11）

註：西田幾多郎も、同じ自覚を持っていた。彼もこう言っている。「今までの多くの哲学の立場は、主観客観を（単純に）対立させ、これを統一しようとの立場である。これではいけない。主観客観の対立を超えた立場から、考えねばならない」（**V 行為の世界**）。こう言って西田は、主観・客観を超えた「世界」（歴史的世界）からものを考えようとする。ところが、この思考回路こそ、まさしく廣松のものではなかったのではないのか。だからこそ西田においても廣松においても、自己は、ハイデガーが言うところの「世界内存在」であったのである。

マルクス・エンゲルスは、早くから、意識の共同主観性、感覚や感情にいたるまで歴史的・社

会的に共同主観化されていることを主張し、この知見に立脚しつつ唯物史観を構築したのであった。(28:14–16)

マルクスはいう。(中略)「社会的存在諸条件のうえに、さまざまな、特有な、感覚、幻想、思考様式…の全上部構造がそびえ立つ。」(『ブリュメール十八日』)(29:1–5)

エンゲルスはいう。「意識は、そもそもの初めから、すでに一つの社会的な生産物なのである。」「言語は意識の現実態である。」(『ドイツ・イデオロギー、基底稿』)(29:7–12)

マルクス・エンゲルスが意識形象のイデオロギー性を把握しえたのは、意識の本源的な、歴史的・社会的・階級的存在被拘束性を洞察しえたことによってであった。(29:17–18)

註：廣松の「世界の共同主観的存在構造」という思想は、マルクス・エンゲルスの基本思想

（史的唯物論）の発展形であるのである。

人間の意識が本源的に社会化され共同主観化されているという与件、これは人びとの知識内容が社会的に分有され共通化しているという次元のことではなく、人びとの思考方式や知覚の仕方そのものが社会的に共同主観化されているという実情を示している。

（35：13–16）

未開人と文明人との比較その他によって実証された通り、人びとの生理的機構や知覚機能は「同型的」であるにもかかわらず、ちょうど外国語の聞こえかた（分節の仕方）がその国語を知っている人と知らない人とでは全然ちがったものになるように、「同一の刺激」が与えられた場合ですら、人びとの意識実態（知覚的に現前する世界）は当人がどのような社会的交通の場のなかで自己形成をとげてきたかによって規定される。従って、「認識」は（認識主体の社会における自己形成の歴史を抜きにして、ただ単にその場における）個々の主観と客観との直接的な関係として扱うことはできない。伝統的な認識論は、「認識」を主観―客観関係として扱うにあたり、（認識主体の社会における自己形成にかかわった）他人の存在ということは原理上は無視して処理できるという想定のうえに立っていた。いまや、しかし、他人の存在ということを認識の本質的な一契機として扱わねばならない。しかも、この他人たるや、これまた、単なる個々の他人として扱ったのでは不可であり、一定の社会的歴史的な関わり合いにある者として、そのような共同現存在としてのみ、介在する。かかる他人たちの介在が、弁論的な思考の方式はおろか、ものの感じかた、知覚の仕方まで規制し、いうなれば意識作用のはたらきかたを規制するのであるから、「私が考える」cogito ということは、「我々が考える」cogitamus という性格を本源的にそなえている、と云うことができよう。意識主体は、生まれつき同型的なのではなく、社会的交通、社会的協働を通じて、共同主観的になるのであり、かかる共同主観的なコギタームス（我々が考える）の主体 I as We, We as I として、自己形成をとげることにおいてはじめて、人は認識の主体となる。われわれとしては、意識の各私性 Jemeinigkeit［各々の意識が私の意識であるということ］というドグマを放棄するだけでなく、意識の Jeunsrigkeit［各々の意識が我々の意識であるということ］ないしは Präpersönlichkeit［各々の意識には我々の意識が先立っているということ］を積極的に権利づけねばならない。ここにおいて意識の社会的歴史的被制約性、その本源的な共同主観性はいかにして可能であるか、これの論定が課題となる。

（36:1–37:6）

註：そして、この問題に応えたのが、廣松渉の代名詞ともいえる「四肢的構造聯関」という洞察である。それは結局、こういうことである。「フェノメナルな世界（現象世界）（一）

は〈(直接的に与えられる)所与(例えば生の感覚)(二)がそれ以上の(意味づけられた)或るもの(三)として「誰」かとしての或る者(四)に対してある〉とでもいうべき、四肢的な構造聯関において存立している。」(『世界の共同主観的存在構造』岩波文庫、七八頁)

集団表象の物象化という与件は、「意識作用」の本源的な共同主観性と相俟つことによって、認識が単なるテオリア(観想)(対象をそのまま意識に写し取るという事)ではないということを示している。認識の過程は、本源的に、共同主観的な物象化の過程であり、しかもこの共同主観性が歴史的・社会的な協働において存立する以上、認識は共同主観的な対象的活動(共同主観が対象に働きかける活動)、歴史的プラクシス(実践)として存立する。換言すれば、認識は決して単なる「認識内容」を与件とする「主観内部の出来事」なのではなく、物象化的構造をもつものとして、直接的に対象関与的である。(中略)いまや、自然としての自然なるものは(中略)「現実には存在しない」(『ドイツ・イデオロギー』)のであって、われわれに現実的に与えられている世界は歴史化された自然(同前)である。しかるに、この現実の世界は、かの共同主観的・歴史的な「対象的活動」によって拓けるのであるから、認識論は、(中略)同時に存在論としての権利を保有しつつ、歴史的実践の構造を定礎する「歴史の哲学」の予備門として、その一契機となる。

（38:6–39:3）

註：廣松哲学によれば、認識の過程は、共同主観による物象化の過程であり、歴史的プラクシスなのである。そしてこの事態を西田哲学に照らして見れば、認識の過程は、具体的一般者（歴史）の自己限定であり、歴史的プラクシスである、ということになる、と思われる。私には、両者の間には、構造的な一致ないしは相似が見えるのである。

廣松哲学についての本格的検討は、後日に譲る。ここで一言、廣松渉の印象的な一言を挙げておく。「私は元来は認識論的な文脈で共同主観性の問題に直面したのですが…そして、「実存」というのはデカルト的なコギトーの最後の変形だといって斥けるのですが…」（四八七頁）

ついでに、もう一言。渡辺恭彦著の『廣松渉の思想――内在のダイナミズム――』（みすず書房、二〇一八）において、著者は、その「第十章『存在と意味』における内在的超越」において、「われわれは廣松哲学を貫くモチーフとして「内在的超越」ということばを充てたいと思う」（二七九頁）と言っている。私は、この箇所に遭遇して、ドキッとした。何故ならば、「内在的超越」こそ、まさしく西田哲学における宗教観（形而上学）の核心であるからである（**補論I**）。そうであるとすれば、ここにおいてもまた、我々は、西田哲学と廣松哲学の間に、構造的な一致ないしは相似を見ることが出来るのではないか。そういえば、西田の語り口と廣松の語り口にも、似たところがある。廣松の『世界の共同主観的存在構造』の附録から、一例を挙げる。

私としましては例の四肢的構造ということで、関係の第一次性ということ——何か関係する項があって、第二次的に関係が成り立つということではなく——ファンクショナルな（機能的な）関係のプリオリテート（優先性）をいおうとしている（中略）のです。（廣松はこのような世界観を「事的世界観」と言う。）しかし伝統的な表現を使えば、両方の相互媒介になるわけですね。だから、向うがそのまま現れてくるのか、あるいはこちらが構成するのか、厳密にいえばそのどちらでもないが、角度を変えて便宜的にいえば、伝統的な表現でのどちらでもあるといわねばならない事情にある。このかぎりで、否定的と肯定的との両方いわねばならなくなると思いますけれど。（四四〇頁：傍線は引用者）

この場面に立ち至れば、西田ならば躊躇なく、「否定即肯定・肯定即否定」とか「肯定と否定の矛盾的自己同一」などと言うであろう。ここでのポイントは、「角度を変えて便宜的にいえば」ということであり、その意味では、廣松は、西田の言い方を認めているのである。西田と廣松は結局同じことを言っているのではないか。

さて、クイズを一つ。ここに二つの文章がある。

Ａ：認識論の究極的な与件は「反省以前的な意識に現われるがままの世界」を措いてはあり得ない。

Ｂ：意識はすべて統一によりて成立するのである。しかして、この統一というのは、小は各個人の日々の意識間の統一より、大はすべての人の意識を結合する宇宙的意識統一に達するのである。

一つは西田幾多郎の文章であり、もう一つは廣松渉の文章である。では、どちらがどちらの文章であろうか。常識的には、Ａは、純粋経験を述べているのであるから西田の文章であり、Ｂは、共同主観を述べているのであるから廣松の文章である、と思われよう。しかし、実は逆なのである。Ａは、『世界の共同主観的存在構造』の第一章「現象的世界の四肢的存在構造」の冒頭部分にあり、Ｂは、『善の研究』の第三章「神」の四の冒頭部分にある。そしてこのことは、西田と廣松は、その外見的な相異にもかかわらず、その根底においては通底するものを持っていたのではないかと思わせる。

廣松渉は、後年、駒場の東京大学教養学部で教鞭をとっていたが、その時の噂によれば、大森荘蔵も出席して遠慮のない質問をしていたという。ここで思い出されるのが、大森荘蔵の「立ち現われの一元論」である。大森は「ことだま論――言葉と「ものごと」――」という論文において、こう言う。

話者の「今朝賀茂川の水かさが増した」という声を聞いたとき、わたしは水かさの増した賀茂川、今朝の賀茂川が（知覚的にではなく、思い的に）立ち現われる。このとき、話し手の言葉の「意味」がわたしに立ち現われるのではなく、じかに水かさの増した賀茂川、しかも今朝という過去の賀茂川が立ち現われるのである。また、まず第一に話し手の言葉の「意味」を了解し、その「意味」を「通して」今朝の水かさの増した賀茂川が立ち現われるのでもない。そのような「意味」が仲介者として登場する余地はどこにもない。そのような「意味越し」に（――「意味」を「通して」――）賀茂川が立ち現われていはしない。賀茂川はまさにじかに立ち現われている。……しかし、……今朝水かさの増した賀茂川が一定不変の仕方で立ち現われるわけではない。時と所と話し手の変るごとに、その立ち現われ方もまた変わる。また、わたしの賀茂川への親しみの増すにつれそれは変わる。そのときの賀茂川への興味の多少につれてもそれは変わる。（『大森荘蔵著作集　第四巻　物と心』岩波書店、一九九九、一三六頁）

興味深いことに、ここには、廣松のいう「四肢」がすべて含まれている。それでは、大森の意味論は廣松の意味論と同じであろうか。表面上は、同じとは言いにくい。大森の意味論は、いわば「無意味論」であるのに対し、廣松の意味論は、いわば「意味の物象化論」であったからである。しかし、それは表面上のことであるにすぎない。大森の無意味論における意味は、「仲介者」としての意味であり、そのような意味での「意味」は、廣松も認めるはずはないからである。そうであるとすれば、廣松の意味論と大森の意味論は、結局は同じ、であったのではないか。そして推測するに、西田の意味論も、大森の意味では「無意味論」であり、廣松の意味では「物象化論」であったのではないか。

そもそも「意味論」とは何か。それは、一口で言えば、「意味とは何か」「意味とは如何なるものであるか」という問いに答えるものであろう。その典型的な一例は、後期ウィトゲンシュタインの「或る語の意味とは、言語ゲームにお於けるその語の使用である。」(『哲学探究』四三) というものであろう。ウィトゲンシュタインによれば、或る語の意味とは、その語の使用規則などではなく、具体的言語ゲームにおけるその語の使用において、示されるものなのである。廣松的に言えば、或る語の意味とは、その語を用いて時空的に展開される具体的言語ゲームにおいて「肉化」――「物象化」――されるものなのである。

廣松渉の意味論は、『世界の共同主観的存在構造』のⅠの第二章の第二節「言語的意味の存在性格」において、展開されている。それは、ほぼ以下のようである。

われわれは、(中略) 共同主観的思念の対象たる「意味」を自存的な対象的実在だと誤想する

「物神崇拝」(Fetischismus)を戒めつつ、それを概念化することを許される筈である。かかる留保条件のもとで、かつはそのもとにおいてのみ、われわれは、(中略)「意味」を単なるnichts[無なるもの]としてではなく、しかも形而上学的実在ならざるイデアールな(理念的な)形象[ein idealer Bestand]として処遇することが出来る。

(114:6–12)

「指示」される対象は、so und so[かくかくしかじか]の規定性(内包)をもつものとして「述定」されることによって——いわば「角材」が「ゲバ棒」になるように——、もはや単なるそのもの als solches(「角材」がそうであったように、単なるそのものとしてのそのもの)ではなく、述定される内包規定を担うかぎりでの対象性(を有するもの)として相在 so sein する[そのように存在する]。換言すれば、対象的与件それ自体としては realitas[実在物]であっても、述定によって irreal = ideal[非実在的にして理念的]な「述定の意味」を担うものとしても、もはや単なる realitas als solches[単なるそのものとしてのそのものである実在物]ではなくなっている。

(115:5–10)

「述定」がおこなわれるということは、視角をかえて言い直せば、「指示」される対象を(それとは別の或る)外延の一つとして包摂的に措定することにほかならない。(そのような)述定そのことによって、対象 als solches（単なるそのものとしてのそのもの）ならざる外延の一つが措定される。この際、しかし、指示される外延（の一つとしての対象）は、イデアールな（理念的な）「述定の意味」を担うかぎりでの対象性（を有するもの）として相在 so sein し（そのように存在し）、そのことにおいていうなればイデアールな（理念的な）規定性を懐胎 prägnieren し、そこにおいて「意味」が「肉化」する「場」として定在 da sein するにいたる。この間の事情は、黒板に描かれた三角形が、そこにおいて幾何学的〈三角形〉が「肉化」する場として定在し、幾何学的〈三角形〉の ein Exemplar［一例］として、gelten する［妥当する］のになぞらえることができよう。(115:14–116:5)

註：廣松によれば、「角材」は「ゲバ棒」として使用されることによって（実際には使用されることが無かったとしても、使用しようと思われた段階において、すでに）、ゲバ棒になるのである、すなわち、「ゲバ棒」という意味が当の「角材」において受肉するのである、物象化するのである。さきに私が廣松の意味理解を、「意味の物象化論」と言ったのは、このゆえである。そしてこのような意味論は、さきに述べた後期ウィトゲンシュタインの意味論に通じるものである。

更に言えば、廣松の「意味の物象化論」によれば、賀茂川は、まさに既に、「賀茂川」という意味を担っており、懐胎しているのであって、いわば「賀茂川」という意味が物象化した姿であって、だからこそ、大森が言うように、「賀茂川」という声を聞いたとたんに、賀茂川がまさにじかに、立ち現われるのである。したがって、大森の言うところの「無意味論」は、まさしく、廣松の「意味の物象化論」なくしてはあり得ないのである。

ところが、廣松の「意味の物象化論」は、ハイデガーの意味論と同一線上にあるのである。ハイデガーは、『存在と時間』の第一部、第二篇、第三章の第六五節「気づかいの存在論的意味としての時間性」において、こう言っている。

意味とは、或るものの理解可能性がそのうちで保持されているもののことである。そのさい当の或るものそのものは、明示的かつ主題的には視界に入ってくることがない。意味とは、第一次的な投企の〈それにもとづいて〉を意味する。この〈それにもとづいて〉の側から、或るものがそれである者として、その可能性において把握されうるのである。(九六三)

このハイデガーの文章は、廣松の「意味の物象化論」を理解した人には、全く容易に理解されるであろう。なぜならば、両者は全く同一線上にあるからである。

それでは、西田幾多郎にどんな意味論があるのか。残念ながら、彼に「意味論」として論じられた意味論なるものが何か有るのか、私は知らない。しかし、西田幾多郎に「意味論」なるものが何か有るとすれば、それはおそらく、ウィトゲンシュタイン――ハイデガー――大森――廣松の「意味論」と同一線上にあるのではなかろうか。西田は「場所的論理と宗教的世界観」において肯定的に、こう言っている。

キリスト教では、太始（はじめ）に言葉ありと言う。而してキリストについて「（彼の）言葉（は）肉体となりて（肉化して）我らの中に宿り給えり」という。（『西田幾多郎哲学論集Ⅲ』、三七五頁）

更にまた、その少し先では、こうも言っている。

真理は、我々が物となって考え、物となって見る所にあるのである。（同書、三七六頁）

真理は、己を無にして、その物に没入するとき、自ずとそこに現れるものなのである。このことは、我々が、例えば、数学の試験を受けている場面を考えれば、理解できるであろう。この場合、我々は、数学に没頭しているのであって、数学以外の何ものもない。

そこにおいては、数学が自ら計算をし、自ら証明をし、自ら問題を解いているのである。私が問題を解いたのではなく、数学自身が自ら自己を展開して、問題を解いたのである。この場合、私は、数学になっていたのである、数学化していたのである、廣松的に言えば、数学に「物象化」していたのである。このことは、例えば、ユークリッド幾何学において、ピタゴラスの定理を証明する過程において、証明する「私なるもの」はどこにも現れない、ということを見れば、明らかであろう。そうであるとすれば、そのような思考回路を有する西田が意味論を展開するとすれば、それが廣松的な「物象化論」になることは、見やすいのではないか。

ところで、ハイデガーは『存在と時間』の序論の第二章の第七節のC「現象学の予備的概念」において、こう言っている。

> 現象学とは、（中略）「自分（自身）を（自ら）示すものを、それ（自身）が自分を自分自身の側から示すとおりに、自分自身の側から見えるようにさせること」なのである。これが、現象学という名が与えられる研究の、形式的な意味である。
>
> （201：3–6）

そうであるとすれば、「西田哲学」は、形式的には「現象学」である、ということになる。なぜならば、現象学とは、結局のところ、「自分自身を、自分自身の側から見えるようにさせること」なのであり、西田はそれを「そのものになって」行おうとしているのであるから。現象学の創始者フッサールは、現象学の理念を「事象そのものへ」(Zu den Sachen selbst!) と言っている。これを西田は、「物となって考え、物となって見る」と言っているのである。

実は、西田は処女作『善の研究』の最後において、それまでの論述の流れと直接のつながりはないものの、なお『善の研究』の思想と関係があると思われる内容の一章を付加している。それは第四編「宗教」の第五章「知と愛」である。西田はこう言っている。

知と愛とは普通には全然相異なった精神的作用であると考えられている。しかし、余はこの二つの精神作用は決して別種のものではなく、本来同一の精神作用であると考える。しからばいかなる精神作用であるか、一言にていえば主客合一の作用である。我が物に一致する作用である。何故に知は主客合一であるか。我々が物の真相を知るというのは、自己の妄想臆断すなわちいわゆる主観的のものを消磨し尽くして物の真相に一致した時、すなわち純客観に一致した時始めてこれ(物の真相を知るという事)を能くするのである。(451:4–9)

かくして、

知と愛とは同一の精神作用である。それで、物を知るにはこれを愛せねばならず、物を愛するのはこれを知らねばならぬ。数学者は自己を棄てて数理を愛し数理そのものと一致するが故に、能く数理を明らかにすることができるのである。（中略）愛は知の結果、知は愛の結果というように、この両作用を分けて考えては未だ愛と知の真相を得たものではない。知は愛、愛は知である。例えば我々が自己の好む所に熱中する時はほとんど無意識である。自己を忘れ、ただ自己以上の不可思議力が独り堂々として働いている。この時が主もなく客もなく、真の主客合一である。この時が知即愛、愛即知である。数理の妙に心を奪われ寝食を忘れてこれに耽る時、我は数理を知るとともにこれを愛しつつあるのである。

（452：12–453：7）

ここで言われていることとは、まさしく、西田が後年言うところの「物となって考え、物となって見る」ということである。この思想は、実は、西田哲学の出発点において、既に確立されていたのである。

は行

ま行

や行

ら行

わ行

人名索引

西田幾多郎を除き、内容にかかわる重要な人名のみを取り上げる。

あ行

か行

さ行

た行

な行

編者略歴

黒崎　宏 *Hiroshi Kurosaki*

1928年生まれ。東京大学大学院哲学研究科博士課程単位取得退学。長らく成城大学教授を務め、現在は、成城大学名誉教授。著書に『ウィトゲンシュタインの生涯と哲学』(勁草書房)、『ウィトゲンシュタインから龍樹へ──私説『中論』』(哲学書房)、『純粋仏教──セクストスとナーガールジュナとウィトゲンシュタインの狭間で考える』『理性の限界内の般若心経』『〈自己〉の哲学──ウィトゲンシュタイン・鈴木大拙・西田幾多郎』『啓蒙思想としての仏教』『悪の起源──ライプニッツ哲学へのウィトゲンシュタイン的理解』(以上、春秋社)など多数。編著に『ウィトゲンシュタイン小事典』(共編、大修館書店)がある。

「西田哲学」演習
ハイデガー『存在と時間』を横に見ながら

2020年3月25日　初版第1刷発行

編者──黒崎　宏
発行者──神田　明
発行所──株式会社 **春秋社**
〒101-0021 東京都千代田区外神田2-18-6
電話 03-3255-9611
振替 00180-6-24861
https://www.shunjusha.co.jp/
印刷──株式会社 太平印刷社
製本──ナショナル製本 協同組合

Copyright© 2020 by Hiroshi Kurosaki
ISBN 978-4-393-32387-8
Printed in Japan
定価はカバー等に表示してあります